monograph

HUMAN DISCOVERY MAGAZINE

monograph

#pianist #tchaikovskycompetition #genius
#technician #moderntimes #concert tour #bookworm
#youtubestar #hannover #bösendorfer

03

Son Yeol Eum

손열음

Editor's note

러시아 작곡가 스트라빈스키는 미국 피아니스트 루빈스타인에게 말했다. "당신을 포함한 피아니스트들은 배고픈 모차르트와 슈베르트, 불쌍한 광인 슈만, 폐병쟁이 쇼팽, 병든 베토벤이 남기고 간 음악을 연주하면서 백만장자가 되는 거요." 훗날 루빈스타인은 자서전《오랜 나날들》에 이렇게 썼다. "그의 말이 맞았다. 나는 늘 우리가 그 위대한 천재들의 피로 연명하는 뱀파이어라고 느꼈다."

나도 그랬다. 수백 년 전 음악을 악보 그대로 연주하는 일이 얼마나 가치 있을까. 똑같은 악보를 두고 연주자와 지휘자가 달라 봤자 얼마나 다르다고 호들갑일까.

그랬던 내가 일본 드라마 한 편에 마음의 빗장을 살짝 풀었다. 지휘자인 남자 주인공이 악보를 연구하다 브람스에 빙의했고, 여자 주인공은 객석에서 흐느끼며 "브라보"를 외쳤다. 코믹한 드라마였는데 나도 모르게 그 장면에서 같이 울고 말았다. 이게 바로 클래식의 힘인가. 마침 베를린 필하모닉의 내한 공연이 화제였다. 지휘자는 '21세기의 카라얀'이라 불리는 사이먼 래틀. 큰맘 먹고 티켓을 구입했다. 마침 브람스를 연주한다고 했다.

클래식엔 생무지였지만 어설피 공부하고 가면 외려 원초적 감상을 저해할 듯했다. 손수건만 챙겨 예술의전당으로 향했다. 결론부터 말하자면, 공연 내내 잤다. 드라마에선 생생히 클로즈업되던 지휘자의 표정도, 단원들의 땀방울도 보이지 않았다. 래틀의 곱슬곱슬한 백발과 등짝만 바라보다 눈이 감겼다. 분명 고전 음악인데 어째 현대 미술 추상화처럼 난해했다.

그로부터 몇 달 뒤 친구가 티켓 한 장을 내밀었다. 피아니스트 김정원의 독주회였다. 이번엔 좀 달랐다. 피아노는 어릴 때 잠깐이나마 배워서인지 눈물까진 아니어도 언뜻 황홀감에 빠졌다. 그 뒤로 몇 번 공짜 표가 생길 때마다 콘서트홀 구경을 했다. 그래도 내게 클래식은 여전히 사치였다.

오랜만에 그 시절이 생각난 건 조성진 때문이다. 그날 아침 일간지 1면 제목은 '쇼팽에 미친 21세 쇼팽'이었다. 그의 쇼팽 콩쿠르 우승을 두고 언론마다 "김연아가

올림픽 금메달을 딴 것과 맞먹는 쾌거"라고 썼다. 그 뒤 벌어진 현상은 가히 '신드롬'에 가까웠다. 1등은 처음이었지만 사실 국제 콩쿠르 입상 소식은 종종 있었다. 몇 년 전 뉴스가 떠올랐다. 2011년 차이콥스키 콩쿠르 2위 손열음. 조성진의 우승 전엔 한국 피아노 사상 최고의 성적이었다.

그녀를 만나고 싶었던 건 이 때문이다. 영광의 순간 이후에 어떤 삶이 있는지 궁금했다. 올림픽이 선수 생활의 정점이라면 피아노 콩쿠르는 연주자 인생의 1악장이다. 클래식 시장이라는 좁은 문으로 들어가기 위한 시험대에 불과하다. 진짜 연주자의 일상은 화려한 조명이 비치는 무대가 아니라 캐리어를 끌고 다니는 공항에 있었다. 그 옛날 모차르트부터 피아니스트는 '길 위의 삶'이다.

나는 이제 안다. 클래식은 결국 '사람' 얘기라는 걸. 이번 호를 준비하면서 리스트와 라흐마니노프가 어떤 사람인지 조금 알고 나니 같은 음악이 완전히 다르게 들렸다. 클래식도 결국 고통, 사랑, 좌절, 환희 등 인간의 감정을 음표로 휘갈겨 쓴 편지다. 그 음악이 몇 악장인지, 형식과 주제는 어떠한지 반드시 알아야 할 필요는 없다. 다만 작곡가와 연주자에 대한 인간적 호기심이 있다면 클래식이라는 '저 너머의 세계'로 손쉽게 건너갈 수 있으리라 믿는다.

마감을 며칠 앞두고 하노버에서 국제 우편이 도착했다. '심하게 소박하다'는 일상을 담은 필름 카메라와 함께 손열음의 엽서가 있었다. "며칠 동안 가지고 다니면서 즐거웠습니다. 고맙습니다. – 2016. 손열음" 그녀는 이런 사람이었다. 피아노 연주는 연주자의 성격을 반영한다고 손열음은 말했다. 인간 손열음을 조금 알고 나니 그녀의 음악을 듣지 않을 수 없었다. 이 책을 읽는 분들도 그러하기를 바란다.

지면을 빌려 답장을 보낸다.

"지난 두 달, 덕분에 행복했습니다. 모르고 지나칠 뻔했던 문을 열어 주어 고맙습니다. 그 안에 얼마나 큰 즐거움이 있을지, 설레는 마음으로 탐험을 시작합니다."

2016. 김혜진

LEGENDARY
pianists

'음악의 아버지' 바흐와 '음악의 어머니' 헨델은 피아노를 치지 않았다. 당대에는 하프시코드(쳄발로), 클라비코드, 오르간이 건반 악기를 대표했다. 피아노의 천재 모차르트조차 1770년대 중반 독일을 여행할 때 피아노를 처음 접했다. 이미 생의 절반이 흘러간 뒤였다.

1709년 피아노를 발명한 바르톨로메오 크리스토포리는 이 악기를 '그라베쳄발로 콜 피아노 에 포르테'라고 명명했다. '피아노(작게)'와 '포르테(크게)'를 갖추어 소리의 셈여림을 조절할 수 있는 쳄발로라는 뜻이다. 유장한 이름은 몇 세기를 지나면서 피아노포르테, 포르테피아노를 거쳐 오늘날 우리가 부르는 피아노가 되었다.

대부분의 위대한 피아니스트들은 자기 자신이 연주할 목적으로 곡을 썼다. 피아노가 지닌 잠재력의 최대치를 알아내고 싶다는 욕망은 가사 없는 선율에 극적인 캐릭터를 불어넣도록 모차르트를 밀어붙였고, 베토벤이 괴물 같은 상상력으로 천공을 흔들도록 자극했으며, 리스트 같은 최강의 연주자들이 건반의 물리적 한계를 뛰어넘도록 부추겼다.

남들이 치기 어렵게 작곡한 자신의 피아노곡을 연주해 청중을 열광시키면서 그들은 전율했다. 그들이 어떤 피아니스트였는지를 이해하는 것이 어쩌면 클래식을 이해하는 첫걸음인지 모른다. 위대한 피아니스트이자 작곡가였던 전설의 음악가 여섯 명을 소개한다.

Mozart

세 살 때부터 하프시코드를 가지고 놀았다. 네 살엔 미뉴에트를 연주했고, 다섯 살이 되자 작곡을 했다. 모차르트의 귀는 8분의 1음 오차를 감지할 정도로 정확했고, 악음기를 부착한 트럼펫 소리에도 까무러칠 만큼 예민했다. 모차르트의 아버지는 여섯 살 아이를 데리고 연주 여행을 떠났다. 음악회는 재주 자랑에 가까웠다. 소년 모차르트는 자신이 작곡한 교향곡을 연주하고, 처음 본 소나타를 바로 치고, 변주곡으로 바꾸어 연주했다. 즉석에서 주어진 가사에 아리아를 작곡해서 직접 반주하고 노래도 불렀다. 그의 연주에 감복한 로마 교황은 황금박차 훈장을 수여했다. 오스트리아의 여제 마리아 테레지아는 아들의 결혼식에 사용할 음악을 작곡해 달라고 했다.

황실의 평가는 변덕이 심했다. 모차르트를 상찬하던 여제는 "거지나 다름없이 여러 나라를 떠도는 저들이 황태자를 시중든다면 황실의 격이 떨어질 것"이라며 아들에게 경고했다. 당시만 해도 음악가는 귀족의 후원 없이는 생활할 수 없는 미천한 신분이었다. 성장기의 모차르트는 연회에서 악사용 출입문으로 드나들기를 거부하는 등 자신에 대한 모욕에 소소하게 저항했다. 그러다 마침내 황실의 후원을 거부하고 직접 대중 연주회를 열기로 했다.

모차르트는 술과 음식을 먹고 고성이 오가는 도박장, 레스토랑, 여인숙에서 신곡을 발표했다. 19세기까지만 해도 청중이 조용히 앉아 음악을 감상한다는 건 생소한 일이었다. 그는 이제 막 유럽에서 입소문이 나기 시작한 피아노라는 악기에 주목하고, 비교적 낯선 음악 형식인 피아노 협주곡을 선보이는 데 심혈을 기울였다. 아버지에게 보낸 편지에 그는 이렇게 썼다. "이 협주곡들은 아주 쉬운 것들과 아주 어려운 것들을 이어 주는 즐거운 징검다리입니다. 지루함 없이 귀에 아주 선명하고 기분 좋게 들어와요. 전문가들이 좋아할 만한 악구들이 여기저기 숨어 있지만 악구들을 분석할 능력이 없는 보통 사람들이 들어도 왠지 모르게 그냥 아름답게 들리도록, 그렇게 썼어요."

1785년 2월 11일 모차르트는 육중한 이중 건반이 달린 최신식 피아노를 끌고 조약돌이 깔린 오스트리아 빈의 뒷골목을 지나 사교장 멜그루베에 이르렀다. 150여 명의 음악 애호가가 그의 음악을 듣기 위해 모였다. 모차르트는 오케스트라 앞에서 〈피아노 협주곡 제20번 D단조〉의 시작음을 울렸다. 손 건반 외에 발로 치는 건반도 있었다. 피아노 협주곡 제20번의 초연은 두 손이 아닌 사지로 연주한 것이다. 청중은 환호했다. 모차르트는 1년에 여섯 차례 연주회를 열었고, 1787년 오페라 〈피가로의 결혼〉 초연이 대성공하면서 절정기를 맞이한다.

〈피가로의 결혼〉 리허설 때 모차르트는 빨간 여성용 외투를 입고 금색 레이스가 달린 삼각모를 썼다. 모차르트는 왜소한 체격에 얼굴이 작고 코가 컸으며 안색은 창백했다고 한다. 한마디로 평범한 외양이었다. 그래서 화려한 의상이나 희한한 악기를 동원해 청중의 관심을 끌려고 했다. 천사 같은 신동인가, 버릇없는 부적응증 환자인가. 인간 모차르트를 두고는 여러 해석이 난무하지만 그의 음악에는 논쟁의 여지가 없다. 모차르트의 음악은 현대의 기준으로도 비범하고 뛰어나게 아름다운, 나아가 흠 없이 완전한 것의 표상으로 여겨진다. 20세기의 지휘자 요제프 크립스는 이렇게 말했다. "베토벤은 힘겹게 분투하는 동안 이따금 천국에 가닿았다. 모차르트야 당연히 천국에서 왔고!"

Beethoven

베를린 필하모닉의 초대 지휘자였던 한스 폰 뷜로는 바흐의 〈평균율 클라비어 곡집〉을 피아노 음악의 '구약 성서', 베토벤의 32개 피아노 소나타를 '신약 성서'에 비유했다. 바흐의 음악이 천상의 선율이라면 베토벤의 음악은 인간의 몸부림에 가깝다.

오스트리아 빈에 여드름투성이 청년이 나타나기 전까지 게리넥은 가장 인기 있는 피아니스트였다. 무명의 피아니스트와 경연한 뒤 게리넥은 풀 죽은 얼굴로 말했다. "그 젊은 친구는 악마와 한패인 게 틀림없어요. 그만큼 즉흥 연주에 능한 사람은 못 봤습니다. 자신의 작품이라고 연주한 곡들은 꿈도 못 꿀 정도로 건반의 난점과 효과를 잘 다뤘어요. 키가 작달막하고 못생긴 거무스레한 작자인데, 의지가 굳은 성격의 소유자 같아요. 리히노브스키 왕자가 독일에서 빈으로 데려와 하이든, 알브레히츠베르거, 살리에리와 작곡 공부를 하게 했는데 이름은 베토벤이라 합디다."

1792년 빈에 나타난 피아니스트 베토벤의 연주가 청중을 압도한 이유는 대양의 파도와 같은 그의 피아노 소리가 다른 모든 연주를 개울물 소리처럼 들리게 했기 때문이다. 빈 사람들은 뭔가 새롭고 근본적인, 거역할 수 없는 힘과 마주쳤음을 느꼈다.

베토벤은 컨디션이 좋을 때도 정확히 연주하는 피아니스트는 아니었다. 때론 비참할 정도로 형편없었다. 그러나 변덕스럽게 칠지언정 박자는 반드시 지켰고, 악보에 없는 음이나 장식음을 첨가해 연주하지 않았다. 다만 많은 음을 강조해서 쳤다. 빈의 비평가들은 베토벤의 '격렬한 감정 표현'에 대해 논평하기 바빴다.

베토벤은 빈에서 가장 많은 피아노를 망가뜨린 피아니스트였다. 연주에 도취해 피아노를 때려 부수듯 두들기면 줄이 끊어지고 해머가 망가졌다. 첫 화음을 치면서 줄을 6개나 끊어뜨린 적도 있었다. 그의 제자 체르니는 "그 시대의 약하고 불완전한 피아노포르테는 그의 개인적인 연주 스타일을 감당할 수 없었다"면서 "베토벤의 손은 털로 수북하게 뒤덮였고, 손가락 끝부분은 대단히 뭉툭하며, 10도를 다 짚을 수 없는 크기였다. 그 손으로 많은 사람의 눈물을 자아냈지만 일부 보수적인 사람들에게 그의 화음은 견딜 수 없는 것이었다"고 전한다.

1818년 존 브로드우드는 베토벤에게 음역이 여섯 옥타브가 넘는 훌륭한 그랜드 피아노를 보냈다. 그 시대 피아노와는 전혀 다른, 음향이 커다란 피아노였다. 베토벤은 크게 기뻐하며 여생 동안 그 악기만을 썼다. 그 무렵 베토벤은 청각을 거의 잃은 상태였다. 귀머거리가 된 채 혼돈에 잠긴 베토벤은 험상궂은 얼굴로 피아노 앞에 앉아 자신은 들을 수도 없는 음들을 두들기곤 했다. 베토벤의 말년에 그의 집을 방문한 한 악기 제조업자는 그의 피아노를 보고 놀랐다. "피아노의 높은 음역 소리는 전부 약음기를 쓴 것처럼 소리가 났고, 끊어진 줄들은 서로 엉켜서 마치 폭풍우가 가시덩굴을 휘저어 놓은 것 같았다." 귀머거리 피아니스트는 벙어리 피아노를 치고 있었다.

20대에 찾아온 청각 장애는 베토벤을 평생 괴롭혔다. 10년을 시달린 뒤 그는 이런 글을 남겼다. '아직 선행을 베풀 수 있는 한 인간은 스스로 목숨을 끊어서는 안 된다는 글을 어디선가 읽지 않았더라면 나는 진작 내 삶을 끝냈을 것이다. 당연히 내 손으로." 그가 베풀기로 맹세한 선행은 위대한 음악을 세상에 선사하는 것이었다.

Liszt

덴마크 작가 안데르센은 리스트를 '현대의 오르페우스'라 일컬었다. "그가 살롱에 들어서면 전기 충격이 훑고 지나가는 듯했다. 대부분의 귀부인들이 자리에서 일어났고 한 줄기 햇살이 모든 이의 얼굴을 스쳤다."

체르니를 사사하기 전 리스트는 아버지에게 피아노를 배웠다. 아버지는 조숙한 아들이 감히 베토벤의 위대한 피아노 소나타 〈함머 클라비어〉에 도전하자 따귀를 때렸다. 그러나 리스트의 고백처럼 그는 매로 교정되지 않았다.

1831년 3월 9일 바이올리니스트 파가니니의 파리 데뷔 공연 객석엔 열아홉의 리스트도 있었다. 파가니니는 당대 최고의 쇼맨이었다. 공연을 본 리스트는 그를 능가하겠다는 일념으로 불타올랐다. 이듬해인 1832년엔 쇼팽의 연주를 들었다. 그는 쇼팽을 통해 피아노라는 악기가 화려한 기교뿐만 아니라 섬세한 감정도 전달할 수 있다는 것을 깨달았다. 리스트는 그 둘을 접목해 뛰어난 테크닉과 쇼맨십, 시적 색채를 한데 지닌 피아니스트로 거듭났다. 더구나 리스트는 음침한 파가니니나 왜소한 쇼팽과 달리 훤칠한 키에 단단한 몸, 금발을 자랑했다. 유럽 전역이 그의 연애 사건으로 떠들썩했다.

리스트는 사실상 최초의 독주자다. 당시 음악회는 버라이어티 쇼 형식이었다. 1839년 로마에 있을 때부터 그는 혼자 연주하기 시작했다. 이런 프로그램을 '솔리로퀴(독백)'라고 불렀다. 리스트는 루이 14세의 '짐은 곧 국가다'라는 말을 본떠 '내가 곧 콘서트다'라고 선전했다. 1841년 리스트는 독주자 혼자 연주회를 이끄는 피아노 리사이틀의 전통을 정립했고 이를 파리로 도입했다.

함께 공연하는 사람 없이도 그의 연주회는 오락성이 떨어

지지 않았다. 무대에 나타난 리스트는 긴 머리카락을 흔들며 손을 높이 쳐들어 건반 위를 내려쳤는데, 그러면 피아노 줄이 끊어지고 커다란 음향이 홀을 가득 채웠다. 숙녀들은 치장하고 있던 보석들을 무대 위로 던졌다. 비명을 지르다 기절하는 관객이 속출했다. 리스트가 벗어 놓은 장갑을 서로 차지하려고 다툼이 벌어졌고, 심지어 그가 버린 담배꽁초를 죽는 날까지 가슴에 품고 다닌 사람도 있었다. 리스트는 자신이 관중에게 광적인 반응을 불러일으킨다는 사실을 잘 알고 있었다. 한술 더 떠 극적인 행동을 취하기도 했다.

한 관객의 회고다. "그의 손이 선반 위를 딜릴 때 내가 앉은 마룻바닥도 그에 맞춰 흔들렸고, 모든 청중은 그 소리에 완전히 파묻히고 말았다. 그때 돌연 리스트의 몸이 스르르 옆으로 고꾸라지는가 싶더니 악보를 넘기던 친구의 팔에 안겨 기절하고 말았다. 우리는 모두 놀라 그를 걱정하기 시작했는데, 한참 후에 의사가 무대 위로 나오더니 리스트가 벌써 의식을 되찾았고 비교적 회복이 좋은 편이라고 알려 주었다. 사람들은 모두가 포플러 나뭇잎처럼 떨고 있었다."

리스트는 공무원의 아들로 태어났지만 살아 있는 동안 왕처럼 군림했다. 왕족들과 허물없이 지냈으며, 왕족을 조롱함으로써 진정한 상전이 누구인가를 증명했다. 프랑스의 왕 루이 필립 앞에서의 연주를 거부해 그를 모욕했고, 프로이센의 왕 프리드리히 빌헬름 4세가 다이아몬드를 줬을 때는 무대 밖으로 던져 버렸다. 숙녀의 손등에 키스도 하지 않았다. 숙녀들이 그의 손에 키스했다. 왕답게 가르치는 학생들로부터 한 푼의 돈도 받지 않았다.

Chopin

1831년 폴란드 태생의 쇼팽이 파리로 건너왔다. 스물한 살이었다. 가냘프지만 세련된 인상이었고, 몸무게는 45킬로그램을 조금 넘었다. 두드러지게 솟은 코에 안색은 창백하고 손이 아름다웠다. 훗날 쇼팽 연주의 대가인 알프레드 코르토는 쇼팽의 손에 대한 산문시를 썼다. "피부의 땀구멍으로 천한 것은 모두 증발된 듯하다."

열여섯 살 무렵 쇼팽은 이미 바르샤바 음악원의 자랑거리였다. 피아노 신동은 왕족과 귀족의 집을 마음대로 드나들었다. 그들 사이에서 빈틈없는 예의와 상류 사회의 기호를 익혔다. 열여덟 살에는 오스트리아 빈을 정복했고, 스무 살에는 폴란드를 떠나 빈과 슈투트가르트를 거쳐 파리에 도착했다. 파리는 언제나 그의 꿈이었다.

독일의 평론가들은 쇼팽의 음악을 '귀청이 떨어질 듯한 불협화음으로 가득한 과상한 음악'이라 폄하했다. 동갑내기 작곡가인 슈만만이 처음부터 쇼팽을 진정으로 이해한 음악가였다. 슈만은 쇼팽의 피아노곡을 듣고 라이프치히의 한 신문에 평을 썼다. "여러분, 모자를 벗으십시오. 천재가 나타났습니다."

쇼팽은 건반 위에서 낮게 속삭이는 연주자였다. 오스트리아 빈에서 그의 연주는 소리가 너무 작다는 이유로 혹평을 들어야 했다. 힘보다는 다른 무기가 필요했다. 그리하여 쇼팽은 완전히 새로운 건반 기법을 창안하기에 이른다. 동시대 작곡가였던 헬러는 그의 기법에 대해 다음과 같이 평했다. "쇼팽의 가냘픈 손이 갑자기 피아노 건반의 3분의 1을 뒤덮을 정도로 벌려지는 모습이 마치 커다란 독사가 토끼를 한입에 삼키려고 입을 벌리는 모습과 같다." 쇼팽의 운지법과 페달링은 고전주의를 벗어나는 혁신이었다.

쇼팽의 연습곡이 출판되자 기교적으로는 더 이상 첨가할 것이 없었다.

쇼팽은 공개 음악회를 꺼렸다. 대신 귀족들이 모이는 살롱에서 주로 연주했다. 1830년대 파리의 살롱은 유럽 각지의 문화 예술인들이 집결하는 장소였다. 그곳에서 쇼팽은 당대의 유명한 오페라 가수, 첼리스트 등과 함께 그날 저녁의 프로그램을 연주하곤 했다. 리스트가 참석하는 날엔 리스트가 높은 음역, 자신이 베이스를 맡아 2중주를 선보였다. 시인 하이네는 쇼팽의 피아노 소리를 반주 삼아 즉흥시를 읊었다. 피아노 주위에는 쇼팽의 연인인 소설가 조르주 상드, 삭가인 빅토르 위고와 발자크, 회가 들라크루아, 시인 라마르틴, 작곡가 로시니, 첼리스트 프랑숌, 마리 다구 백작 부인 등이 있었다.

쇼팽과 리스트는 애증 관계였다. 그들은 서로 존경하고 찬양하기까지 했지만 쇼팽은 리스트에게 늘 질투심을 품고 있었다. 병약했던 쇼팽은 리스트의 강한 몸을 부러워했고, 그가 자신의 곡을 연주하는 방식을 동경했다. 그들의 어색한 우정은 수년 동안 불규칙하게 지속되다가 리스트가 쇼팽의 집에서 애정 행각을 벌인 뒤로 급격히 멀어졌다.

쇼팽의 신체는 왜소했지만 그의 곡에는 드라마와 장악력이 있었다. 리스트가 위대한 피아니스트이자 탁월한 쇼맨, 19세기의 주요한 작곡가, 가장 유명한 피아노 선생 중 하나였을지라도 후대의 평가는 쇼팽을 능가하지 못한다. 리스트는 쇼팽의 연주를 가리켜 이렇게 평했다. "그 음색은 여리지만 단연코 비평의 차원을 넘어섰다. 그의 연주는 비록 강력하지 못하고 연주회장에 전혀 걸맞지 않다 하더라도 여전히 완벽함의 극치다."

Rachmaninoff

껑충한 키에 얼굴 흉터, 삭발에 가까운 헤어스타일, 미소라곤 전혀 없는 라흐마니노프의 인상은 영락없이 갓 석방된 죄수의 모습이었다. 청중은 평정을 잃은 그의 모습을 본 적이 없었다. 그의 손에서 음악은 정밀한 논리에 따라 조직되었고, 완벽히 연주되었으며, 수년이 지나도 한결같은 소리를 냈다. 라흐마니노프는 감정적 예술가가 아니라 지적인 연주자였다. 그에겐 '청교도 피아니스트'라는 별명이 따라다녔다.

라흐마니노프가 연주하는 음악은 무엇이든 고상하게 들렸다. 작곡가 니콜라이 메트네르는 "라흐마니노프의 손이 닿으면 가장 단순한 음계, 가장 단순한 가락도 본연의 의미를 찾게 된다"고 말했다. 그의 연주를 특별하게 만드는 것은 그의 해석이 갖는 설득력이었다.

라흐마니노프는 음악을 해석할 때 절대 직감에 의존하지 않았다. 본질적 구조를 파고들었다. 그는 모든 곡이 결정적 순간에 이르는 것을 목표로 삼았고, 소리의 깊이와 강도에 단계적 변화를 부여했다. 최대한 자연스러운 절정을 맞는 것이야말로 최고의 예술이라 믿었다. 곡의 절정을 놓치면 전체 구조가 허물어진다고 여겼던 그는 '피아노 건축가'였다. 라흐마니노프는 "당신은 곡의 구석구석을 잘 살펴야만 한다. 모든 나사못을 풀어 분리해라. 그러고 나면 전체를 다시 쉽게 짜 맞출 수 있다"고 말했다.

라흐마니노프는 손이 아주 컸다. 그의 악보에서 무척 넓게 떨어진 살인적 음형들은 유별나게 큰 손에서 연유한다. 그는 비범한 테크닉을 지닌 기교가였지만 이를 전시 효과만을 위해 사용하지 않았다.

1873년 러시아에서 태어난 라흐마니노프는 모스크바 음악원 재학 당시엔 작곡에만 전념해 아무도 그를 피아니스트로 여기지 않았다. 그는 무슨 음악이건 한 번 들으면 절대 잊어버리지 않아 많은 이들을 경악하게 했다. 심지어 한 번 들은 곡을 몇 년 후에도 한 음의 착오도 없이 피아노로 연주할 수 있었다.

1909년 라흐마니노프는 첫 미국 순회 연주를 떠났다. 그는 신작 〈피아노 협주곡 제3번 D단조〉를 포함해 자신의 곡만으로 프로그램을 짰다. 그러나 빡빡한 일정에 지쳐 이내 푸념했다. "이 정떨어지는 나라의 사람들은 죽을 때까지 일만 할 것인지 사업, 사업 하며 사람을 옴짝달싹 못하게 붙잡아 놓고 강행군을 시킨다. 나는 굉장히 바쁘고 지쳐 있다. 하느님께 힘과 인내를 주십사 기도한다." 하지만 보스턴 심포니의 상임 지휘자 자리를 제안받을 정도로 그가 미국 사회에 던진 충격은 컸다.

러시아 혁명 이후 그의 가족은 망명길에 올랐다. 작곡만으로 생계를 유지할 수 없었다. 미국에 정착한 그는 피아니스트로 전향했다. 작곡가로서 명성을 안겨다 준 〈전주곡 C 샤프 단조〉를 수백 번 연주해야 했다. 가는 곳마다 탄식하면서도 그 곡을 연주하고 또 연주했다. 가끔 그가 그 곡을 연주하지 않으면 열광적인 청중은 공연장에서 울어 댔다. 그 전주곡 한 곡을 듣고 싶어서 이 공연장, 저 공연장으로 그를 따라다니는 광팬들이었다.

라흐마니노프는 1943년 연주 여행 도중 쓰러졌다. 암이었다. 미국 로스앤젤레스에서 병원으로 옮겨진 그는 자신의 임종이 가까이 왔음을 알았다. 그는 자신의 손을 물끄러미 들여다보며 말했다. "사랑하는 나의 손, 잘 있거라. 가여운 나의 손이여!"

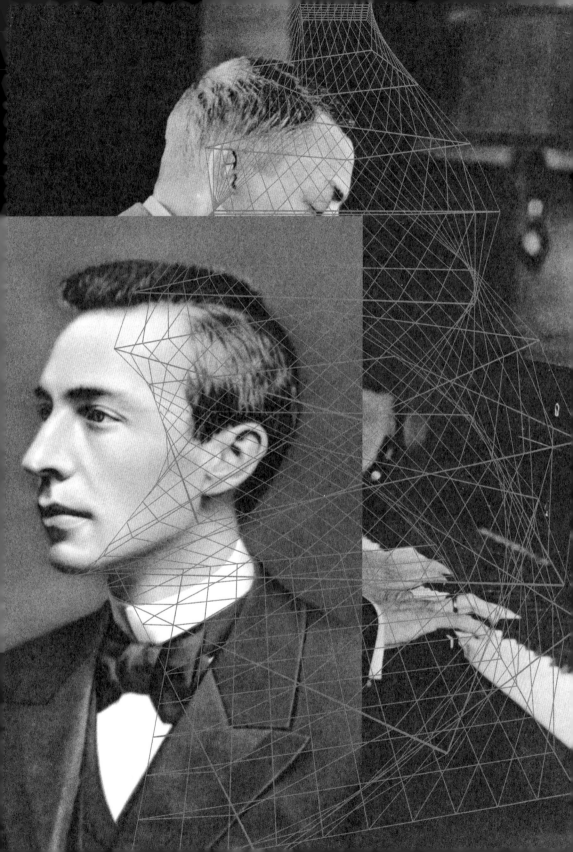

Debussy

드뷔시는 해머 없이 연주되는 피아노를 상상했다. 물리적 타건 없이 부드럽게 음향이 퍼지는, 보들레르의 시적 상상력을 빌리자면 "소리와 향기가 저녁 공기 속에 어울려 소용돌이치는" 영묘한 세계로의 초대였다.

드뷔시는 1862년 프랑스 생제르맹에서 도자기상의 아들로 태어났다. 음악과 상관없는 가난한 가정에서 자랐으나 주변의 도움으로 열 살 때 파리 국립음악원에 입학한다. 학교에선 듣지도 보지도 못한 화음을 작품에 넣는 등 반항아로 유명했다. 드뷔시는 기술이 아니라 소리의 연금술에 관심이 있었다. 연금술의 비밀 묘약은 동시에 울리는 여러 음의 뒤섞임, 즉 '화성'이었다. 그러나 그의 화성은 중세 교회 음악으로부터 진화한 전통 방식을 답습하지 않았다.

드뷔시는 아방가르드 진영의 예술가들과 어울리며 음악적 영감을 얻었다. 상징주의 시인 스테판 말라르메와 화가 귀스타브 모로, 에드가 드가, 앙리 드 툴루즈 로트렉 등과 함께 '독립예술'이라는 서점에 모여 새로운 예술 언어를 모색했다. 에드거 앨런 포의 표현을 빌리자면 그들의 이상은 "투명한 푸른 하늘이 끝없는 심연처럼 깊은 곳으로 사라져 가는, 소리가 음악처럼 울려 퍼지고, 색채가 말을 하고, 향기가 이상향에 대해 말해 주는" 꿈의 세계였다.

드뷔시는 인상주의 화가들의 기법과 질감을 음악에 차용했다. 조르주 쇠라의 〈그랑드 자트 섬의 일요일 오후〉에 사용된 점묘법은 드뷔시가 1903년에 작곡한 피아노곡 〈비 오는 정원〉에서 작고 리드미컬하게 후드득 내려치는 타건으로 변환되었다. 인상주의 화가들이 지난 세기의 먹구름을 몰아내고 캔버스 위에 빛의 향연을 펼친 것처럼 드뷔시는 그동안 음악을 지배해 오던 모든 규율과 법칙을 벗어던지고 오로지 빛과 유연성이 전부인 세계, 느낌과 분위기만이 유일한 형식이자 법칙인 음악 세계를 창조해 냈다.

드뷔시는 멜로디만으로는 영혼과 삶의 다양성을 표현할 수 없다고 생각했다. 이상적인 표현 방법을 위해 그는 여러 음을 섞어 황홀하고 낭랑한 결합체로 만든 다음 자신이 만든 상상의 바다에 띄웠다. 그의 음악은 햇살에 일렁이는 작은 폭포수와 소용돌이치는 물결로 이뤄진 '소리로 그린 추상화'이자 '귀로 듣는 그림'이었다.

드뷔시는 뼛속까지 파리지앵이었다. 1910년 유럽 여행에서 그는 오스트리아 빈을 가리켜 "브람스와 푸치니의 음악으로 터져 나갈 듯한, 여자들 같은 유방이 달린 관리들과 관리들 같은 가슴이 달린 여자들로 가득 찬 오래된 도시"라고 표현했다. 부다페스트에서는 "다뉴브 강이 그 유명한 왈츠가 우리에게 심어 준 믿음만큼 푸르지 않다는 것"을 확인했다. 말년의 신작 악보 표지에도 그는 '프랑스 음악가 클로드 드뷔시'라고 서명했다.

뛰어난 피아니스트였던 드뷔시는 전에 없던 페달 효과를 사용해 완전히 새로운 색채 혼합을 세상에 소개했다. 그의 피아노 스타일은 '매우 여리게'를 뜻하는 피아니시모 표시가 4개나 되는 음향과 전적으로 새로운 손가락 움직임을 요구한다. 드뷔시의 피아노곡에서는 피아노가 거의 건반악기로서의 기능을 상실하고 있다. 화음이 소용돌이치는 가운데 음률이 안개처럼 신비롭게 부상하는 것이다. 드뷔시가 말라르메의 시에 곡을 붙인 〈목신의 오후 전주곡〉은 현대 음악의 시초로 평가된다. 그는 말했다. "비행기의 세기엔 그에 걸맞은 음악이 있어야 한다. 전례가 없었으므로 내가 새롭게 창조해야 한다."

CLASSICAL
concert etiquette

뉴욕 필하모닉을 이끌었던 세계적인 지휘자 레너드 번스타인은 말했다. "음악을 이해하는 데 반음, 온음, 화음을 알아야 할 필요는 없다. 음악이 뭔가를 말하고, 어떤 느낌을 주고, 우리 마음에 변화를 일으킨다면 우리는 음악을 이해한 것이다." 일견 합당한 얘기지만 실상은 다르다.

여전히 클래식은 소수의 전유물이다. 어원부터 특권 의식이 배어 있다. 로마 시대의 최상 계급을 뜻하던 라틴어 클라시쿠스Classicus에서 유래한 클래식Classics은 서양의 고전적 예술 음악을 가리킨다. 수백 년 전에 탄생한 외국 음악이니 생소할 수밖에 없다. 외국어 범벅인 용어부터 현기증을 유발한다. 심포니Symphony, 콘체르토Concerto, 녹턴Nocturne, 푸가Fugue. 아, 어렵고 지루하고 재미없다.

클래식 음악을 듣는 행위는 위대한 고전 문학을 읽는 행위에 비견한다. 방대한 분량과 지겨운 장광설에 질려 책장이 좀처럼 넘어가지 않지만 도스토옙스키의 《카라마조프가의 형제들》을 완독하고 나면 세상이 달리 보인다. 마찬가지로 클래식 콘서트에 한번 다녀오면 클래식에 대한 편견에서 벗어날 수 있다. 하지만 가요와 팝송에 익숙한 이들에게 클래식 공연장의 문턱은 여전히 높기만 하다. 정장을 입어야 하나? 박수는 언제 치지? 클래식 콘서트의 입장권 예매에서부터 명당 좌석, 관람 예절 등 궁금했지만 어디서도 들을 수 없었던 얘기들만 골라 소개한다.

클래식 콘서트의 종류

클래식 콘서트에는 관현악, 교향곡, 협주곡, 실내악, 독주회, 성악, 오페라 등이 있다. 관현악은 60~100여 명으로 구성된 단원들의 합주다. 관현악을 연주하는 단체를 관현악단(오케스트라Orchestra)이라고 한다. 오케스트라 연주를 위한 곡인 관현악곡 가운데 특정 형식을 갖춘 곡을 교향곡(심포니Symphony), 독주자와 오케스트라의 협연을 위한 곡을 협주곡(콘체르토Concerto)이라 한다. 예를 들어 오케스트라와 협연하는 독주 악기가 피아노라면 피아노 협주곡이 된다.

실내악은 적은 인원의 합주다. 현악 3중주, 피아노 3중주, 현악 4중주 등이 있다. 피아노 3중주는 피아노, 바이올린, 첼로의 조합이다. 현악 3중주는 바이올린, 비올라, 첼로로 구성된다. 현악 4중주에선 바이올린이 두 대다.

독주회(리사이틀Recital)는 독주자가 있는 음악회를 뜻한다. 피아노 독주회, 플루트 독주회 등이 있다. 성악은 목소리가 악기인 성악가의 연주회다. 혼자 부르면 독창, 한 사람이 한 성부씩 맡아 여러 성부를 동시에 부르면 중창, 각 성부를 여러 사람이 함께 부르면 합창이다. 오페라는 오케스트라 연주와 노래, 연기가 어우러진 음악극이다.

콘서트홀에도 명당이 있을까

관람할 공연을 정했다면 예매를 하자. 입장권 예매 사이트에서 좌석을 직접 선택할 수 있다. 일반적으로 무대와 가까울수록 입장권이 비싸다. 좌석은 보통 R, S, A, B, C의 5등급으로 나뉘는데, 좌석의 가격과 공연의 만족도가 반드시 비례하지는 않는다. 공연장의 특성과 공연의 종류에 따라 명당이 다르다.

독주회라면 무대와 가까운 앞자리가 좋다. 피아노 독주회에선 객석 기준으로 왼쪽 앞자리가 명당이다. 연주자의 손가락 움직임을 감상할 수 있기 때문이다. 오른쪽 앞자리에선 피아노 뚜껑에 가려 건반이 보이지 않는다. 다만 소리가 뻗어 나가는 방향이라 음향은 한결 낫다.

오케스트라 공연이라면 약간 뒤쪽 좌석이 명당이다. 무대와 적당히 떨어져 있어야 관악기, 현악기, 타악기의 소리가 넓게 퍼지면서 조화로운 음향을 만끽할 수 있다. 지나치게 무대와 가깝거나 좌우로 치우치면 여러 악기의 소리가 뒤죽박죽 섞여서 들린다. 게다가 공연 내내 고개를 젖히고 무대를 올려다봐야 한다.

청각보다 시각을 중시한다면 무대 뒤편의 합창석도 훌륭한 선택이다. 청중을 등지고 서 있는 지휘자의 표정이 보이는 유일한 좌석이다. 게다가 입장권도 가장 싸다. 세계적인 오케스트라의 내한 공연에서는 합창석이 가장 빨리 매진된다. 언제 다시 볼지 모를 거장의 손짓과 몸짓, 표정을 마주할 수 있기 때문이다.

2~3층의 중앙 좌석도 가격 대비 성능이 뛰어나다. 무대와 거리가 멀어 현장감이 다소 떨어지지만 무대 전체가 한눈에 들어온다. 천장에서 반사되어 내려오는 묵직한 음향도 귀를 즐겁게 한다. 데이트가 목적이라면 외따로 떨어진 2~3층 박스석의 끝자리를 추천한다. 가격도 저렴하다.

미취학 아동의 입장을 제한하는 경우가 많으니 예매 전 반드시 확인해야 한다.

정장을 입고 가야 할까

드디어 공연 당일이다. 뭘 입고 가야 할까. 영화 속 클래식 콘서트홀은 부유층의 사교장이다. 턱시도와 드레스를 차려입은 신사 숙녀로 가득하다. 결론부터 말하자면 우리나라 콘서트홀은 드레스 코드가 없다. 장시간의 연주를 즐기기에 편안한 복장을 입으면 된다. 입장을 금하는 건 아니지만 반바지에 슬리퍼 차림만 아니면 특별히 문제가 되지 않는다. 요즘엔 청바지에 셔츠를 입고 오는 관객도 많다. 그래도 역시 가장 안전한 복장은 남자라면 평범한 정장, 여자라면 무릎까지 내려오는 스커트 차림이다. 오케스트라 단원들도 어두운 색의 정장을 착용한다. 외투나 가방, 쇼핑백 등은 콘서트홀 로비에 있는 물품 보관소에 맡기면 된다.

티켓 값이 싸고,
지휘자의 표정을
볼 수 있는 합창석

교향곡
최고 명당인
1층 가운데
중앙 좌석

가격 대비 좋은 좌석
오케스트라의
묵직한 음향을
즐길 수 있다

피아노 독주회
명당인
왼쪽 앞자리

피아노 호른 오보에 튜바

첼로

트럼펫

바이올린 클라리넷 지휘자 비올라

트럼본

심벌즈 팀파니 더블
베이스

플루트 바순

얼마나 일찍 도착해야 할까

적당한 복장을 하고 집을 나섰다. 공연 시작 20~30분 전까지 콘서트홀에 도착하면 무난하다. 국내 콘서트홀은 대부분 개막 30분 전부터 객석 입장을 개시한다. 여유 있게 입장해 난생처음 보는 오케스트라의 악기 배치를 살펴보는 재미도 쏠쏠하다.

일찌감치 자리에 앉아 그날 공연할 곡들의 해설이 담긴 책자를 읽으면 금상첨화다. 프로그램 책자는 콘서트홀 로비에서 판매하는데 공연이 끝난 뒤 연주자의 사인을 받을 때 활용 가능하다. 그러나 1만 원이 넘는 프로그램 책자를 반드시 구입할 필요는 없다. 요즘엔 인터넷 검색만으로 연주자와 연주곡목에 대한 정보를 충분히 얻을 수 있다.

만약 공연에 지각했다면 어떻게 해야 할까? 연극이나 뮤지컬처럼 추가 입장이 불가하지는 않다. 연주가 시작되었다면 로비에 설치된 모니터로 구경하다가 첫 곡이 끝난 뒤 안내원의 안내에 따라 입장하면 된다. 연주 중에 입장하면 다른 관객은 물론 연주자에게도 방해가 된다. 국내 콘서트홀은 지각하는 관객을 위해 첫 곡을 10분 내외의 짧은 곡으로 준비하는 경우가 많다. 공연 상황이나 지휘자의 판단에 따라 중간 휴식 시간(인터미션Intermission)에만 추가 입장을 허용하는 경우도 있으니 유의해야 한다.

휴대 전화는 진동 모드로 바꾸면 될까

콘서트홀은 절대 침묵의 공간이다. 진동 모드도 허락되지 않는다. 잠깐 연주가 멈추고 정적이 흐를 때의 진동 소리는 생각보다 훨씬 크게 들린다. 콘서트홀에 입장하기 전에 반드시 휴대 전화의 전원을 꺼야 한다.

2013년 8월 서울시향 공연 중 객석에서 버스커버스커의 〈벚꽃엔딩〉이 흘러나와 공연 흐름이 단숨에 끊겼다. 2014년 3월 통영국제음악회에선 코미디 같은 상황이 연출되었다. 지휘자 알렉산더 리브라이히가 연주를 마쳤을 때 청중은 정적 속 여운을 음미하고 있었다. 그때 갑자기 "오빠 강남스타일~"이 튀어나왔다.

벨소리뿐만 아니라 휴대 전화의 조명도 감상을 방해한다. 공연 중간에 문자메시지를 확인하기 위해 휴대 전화를 꺼내면 암전 상태인 객석에선 조명탄만큼이나 밝게 보인다. 놓쳐서는 안 될 전화가 있다면 휴대 전화를 안내 데스크에 맡긴 뒤 좌석 번호를 알려 주면 된다.

외국의 콘서트홀도 휴대 전화로 골머리를 앓고 있다. 뉴욕 카네기홀은 무대 정면에 휴대 전화 전원을 꺼 달라는 메시지를 띄운다. 도쿄 산토리홀은 아예 전파 차단 장치를 설치해 통화 자체를 불가능하게 했다. 국내에서는 전파법 제29조 등에서 송수신 방해 행위를 금지하고 있기 때문에 휴대 전화 사용을 막으면 위법이다.

오케스트라는 어떻게 구성될까

이제 객석의 조명이 어두워진다. 오케스트라 단원들이 하나둘 무대로 나온다. 마지막에 올라오는 단원이 악장樂長이다. 제1바이올린 파트의 리더를 겸하는 악장은 지휘자와 단원 사이의 중간자 역할을 한다. 단원들은 악장의 지시에 따라 오보에의 음에 맞추어 각자의 악기를 조율한다. 조율이 끝나면 마침내 지휘자가 등장한다. 연주를 시작하기 전과 연주를 마친 뒤 지휘자와 악장은 악수를 나눈다.

지휘자는 오케스트라라는 악기를 연주하는 연주자다. 모든 악기를 두루 알아야 하고, 작품 해석 능력도 필히 있어야 한다. 지휘봉은 보통 30센티미터 내외다. 나무를 가늘게 깎은 뒤 하얗게 칠하고 코르크 손잡이를 붙인다. 지휘봉을 사용하지 않고 맨손으로 지휘하는 지휘자도 있다. 지휘봉을 든 손은 박자와 속도를 조절하고, 다른 손은 음의 강약과 신호를 지시한다.

오케스트라는 현악기, 목관악기, 금관악기, 타악기로 구성된다. 현악기는 무대 앞부분의 좌우에 위치한다. 높은 소리를 내는 바이올린, 낮은 소리를 내는 비올라, 그윽한 소리를 내는 첼로, 현악기 중 가장 낮은 소리를 내는 더블베이스가 있다. 곡에 따라 하프가 배치되기도 한다. 바이올린은 두 파트로 나누어 제1바이올린 파트와 제2바이올린 파트로 연주한다.

지휘자 바로 앞에는 목관악기가 자리한다. 가장 높은 소리를 내는 플루트, 목가적 멜로디에 제격인 오보에, 낮고 굵은 소리를 내는 바순, 따뜻한 음색의 클라리넷이 있다. 과거엔 나무로 제작했기 때문에 목관악기로 분류된다.

목관악기 뒤에는 금관악기가 배치된다. 나팔 모양의 주둥이를 가진 악기들이다. 크고 강한 소리를 낸다. 호른, 트럼펫, 트롬본, 튜바가 있다.

무대의 맨 끝에는 타악기가 위치한다. 음높이가 있는 팀파니, 실로폰 등과 음높이가 없는 심벌즈, 트라이앵글 등이 있다. 앞서 설명한 모든 악기들의 음향이 조화롭게 어우러질 때 명연주가 탄생한다.

연주자들은 악보를 외워서 연주할까

지휘자와 협연자는 대개 악보를 외워서 연주한다. 오케스트라 단원들은 보면대에 악보를 올려놓고 보면서 연주한다. 현악 파트는 두 사람이 한 악보를 쓴다. 실내악이나 짧은 협연에서도 악보를 보면서 연주하는 경우가 많다. 피아노 연주의 경우 다른 악기에 비해 악보 쪽수가 많고 연주를 멈추는 부분도 적어 악보를 대신 넘기는 사람이 필요하다. 이들을 '페이지 터너Page Turner'라 부른다. 악보를 자동으로 넘기는 기계도 있다. 독주회에서는 대부분 암보로 연주한다. 엄청나게 많은 음표를 외우는 방법은 오직 연습뿐이다. 악보를 외워서 연주하면 청중에게 경이로운 느낌을 선사할 수 있다. 기교에도 좀 더 신경을 쓸 수 있다. 반면 암보를 지나치게 강조하면 레퍼토리가 좁아질 우려가 있다.

박수는 언제 칠까

오케스트라의 악장樂長이 입장할 때, 지휘자가 입장할 때 박수를 친다. 중간 휴식을 마친 뒤 공연을 재개할 때도 박수를 친다. 연주가 시작되면 한 곡이 완전히 끝난 뒤에 박수를 쳐야 한다. 클래식 곡에는 악장樂章이 있기 때문에 유의해야 한다. 하나의 악장이 끝나면 연주자는 악기를 다시 조율하거나 악보를 넘긴다. 이때 곡이 끝난 줄 알고 박수를 치는 사람이 더러 있다. 그러나 곡 음악의 흐름을 방해할 수 있기 때문에 박수를 쳐서는 안 된다. 예컨대 4개의 악장으로 구성된 브람스의 클라리넷 5중주를 듣는다면 세 번의 멈춤 이후 네 번째 멈출 때 박수를 치면 된다.

곡의 구성을 모를 때에는 지휘자가 있는 콘서트라면 지휘자가 지휘봉을 완전히 내린 이후에, 지휘자가 없는 콘서트라면 연주자들이 악기를 완전히 내려놓은 이후에 박수를 보내면 된다. 이마저도 성가시다면 연주자들이 인사를 하거나 반 이상의 사람들이 박수를 칠 때 따라 치면 된다.

마지막 악장이 끝난 뒤 곧바로 박수를 치지는 않는다. 짧은 시간의 정적과 여운도 음악에 포함되기 때문이다. 곡의 구성을 빠삭하게 꿰고 있다는 걸 과시하기 위해 지휘자가 지휘봉을 미처 내리기도 전에 치는 '안다 박수'가 있는데, 음악의 여운을 즐기는 다른 관객의 감상을 저해하는 행위다. 프로그램이 끝나고 지휘자가 퇴장한 뒤에도 손뼉을 친다. 깊은 감명을 받았다면 자리에서 일어나 박수를 보내도 좋다. 다른 사람이 기립 박수를 보낸다고 따라 일어설 필요는 없다. 한편 바흐의 〈마태 수난곡〉 같은 엄숙한 곡에서는 박수를 치지 않는 것이 매너다.

곡명은 어떻게 읽을까

클래식 음악은 낯선 용어 탓에 진입 장벽이 높다. 엘리트 계층이 선호하는 음악이란 편견도 여기서 비롯한다. 클래식은 가요와 달리 곡명부터 난해하다. 곡명에 작품의 정보가 담겨 있기 때문이다.

클래식 음악의 곡명은 작곡가 이름, 곡의 종류, 곡의 번호(No.), 조성(장조인지 단조인지), 작곡가의 작품 번호(Op.), 부제의 순서로 적는다. 작품 번호 앞에는 '작품'을 뜻하는 라틴어 오푸스Opus의 약자인 'Op.'를 붙이는데, 몇몇 작곡가들은 'Op.' 대신 고유의 이니셜을 사용한다. 예컨대 'W. A. Mozart - Piano Concerto No.23 in A

Major, K.488'은 '모차르트의 피아노 협주곡 제23번 가장조, 쾨헬 번호 488번'이라고 읽는다. 풀어서 설명하면 이 곡은 모차르트가 23번째로 작곡한 피아노 협주곡이고, 가장조를 띠고 있으며, 모차르트의 작품 중 488번째 작품이란 뜻이다. 모차르트 연구가였던 루트비히 폰 쾨헬이 모차르트의 작품을 연대순으로 정리해 이름을 붙였기에 '쾨헬 번호 488번'이라고 작품 번호를 붙였다.

공연 중에 기침이 날 땐 어떡할까

휴대 전화 벨소리와 달리 생리적 현상인 기침은 아무리 조심해도 완벽히 막을 수는 없다. 특히 겨울철 콘서트홀에선 연주를 방해하는 최대의 적이다. 기침 감기에 걸렸다면 생수나 사탕을 가지고 입장하는 것이 좋다. 생수 이외의 음료 반입은 금지된다. 예술의전당 콘서트홀 로비에는 기침 방지용 사탕이 비치되어 있다. 기침 기운이 있을 때는 손가락으로 목젖 부위를 누르면 한결 나아진다.

기침이 나올 것 같다면 가급적 참다가 악장 사이에 하면 된다. 연주 도중에 꼭 해야겠다면 웅장한 소리가 날 때 입을 가리고 하는 편이 낫다. 잔잔한 선율이 흐를 때 기침을 하면 아무래도 주위의 눈총을 사게 된다. 기침이 계속 터져 나온다면 연주 중이라도 콘서트홀 밖으로 나와야 한다. 화장실이 급할 때도 마찬가지다. 이럴 때는 허리를 숙이고 신속히 나오면 된다. 밖으로 나온 뒤에는 연주 중인 곡이 끝나거나 중간 휴식 때 다시 입장할 수 있다.

한편 의도적인 기침인 '안다 기침'이 있다. 클래식 초심자들은 연주가 멈추면 한 곡이 끝난 것인지, 한 악장이 끝난 것인지 알기가 쉽지 않다. 그래서 악장이 끝나자마자 과시적으로 기침을 해서 박수를 쳐서는 안 된다는 것을 알리는 경우다. 이 역시 눈살을 찌푸리게 하는 행위다.

콘서트는 언제 끝날까

오케스트라 공연이나 실내악, 독주회는 중간 휴식 시간을 포함해 1시간 30분~2시간 정도 걸린다. 오페라는 서너 시간 정도 소요된다. 일반적으로 오케스트라 공연은 독주회보다 조금 더 길다. 연주자의 수가 많기 때문이다. 대부분의 클래식 공연은 앙코르 곡이 있어서 정확한 종료 시각이 정해져 있지는 않다.

일반적인 클래식 콘서트의 중간 휴식은 대개 1회이다. 오페라는 2~3회다. 중간 휴식 시간은 10~20분이다. 주차장이 붐비기 전에 먼저 빠져나가기 위해 공연이 끝나기도 전에 자리를 뜨는 관객도 있다. 그러나 연주 도중 퇴장하면 다른 관객의 관람에 방해가 되며 공연의 별미인 앙코르 곡을 놓치게 된다. 정말 급한 일이 있다면 막이 내린 뒤 커튼콜 때 나가면 된다.

몇몇 대작은 상상을 초월할 만큼 상연 시간이 길다. 바그너의 오페라 〈니벨룽의 반지〉는 '라인의 황금', '발퀴레', '지그프리트', '신들의 황혼' 등 전체 4부작으로 구성되며 연주 시간만 14시간에 달한다. 워낙 장시간이어서 하루에 한 작품씩 나흘에 걸쳐 상연한다.

앙코르는 어떻게 이루어질까

'앙코르Encore'는 '다시'라는 뜻의 프랑스어다. 준비된 프로그램을 마치고 연주자가 퇴장한 이후에 청중이 앙코르나 브라보를 연호하거나 박수갈채를 보내면 연주자가 다시 무대로 나온다. '커튼콜'이라고도 한다. 예정에 없던 연주이니 콘서트의 덤이나 후식이라 할 수 있다.

앙코르는 연주자의 성향이나 공연장의 분위기에 따라 천차만별이다. 러시아의 피아니스트 예프게니 키신은 앙코르 곡으로 16곡을 연주하기도 했다. 손열음은 앙코르를 "생각보다 매우 힘든 일"이라고 말한다. 긴장은 풀리고 감정은 격양되어 있고 근육은 가장 피곤한 상태라 몸과 머리와 마음이 따로 논다고 고백한 적이 있다.

앙코르 곡까지 감상했다면 이제 차례로 퇴장하면 된다. 콘서트가 끝난 뒤에는 로비에서 사인회가 열리기도 한다. 이때는 로비에서 판매하는 연주자의 CD나 프로그램 책자에 사인을 받으면 된다.

Discography

손열음은 바로크부터 현대 음악까지 폭넓은 레퍼토리를 쌓아 왔다.
공연장에 가지 않고도 그녀만의 탁월한 감성과 터칭을
느낄 수 있는 음반들을 소개한다.

CHOPIN
Etudes Op.10 & 25

"열두 살 이래 언젠가 꼭 쇼팽 에튀드 전곡을 연주해 보고 싶었습니다." 손열음은 이 꿈을
만 열여덟인 2004년 실행에 옮겼다. 금호아시아나문화재단과 유니버설 뮤직이 '라이징
스타 시리즈'로 기획한 첫 번째 앨범이자 손열음의 데뷔 음반이다. 쇼팽의 24개 에튀드
전곡을 금호아트홀에서 녹음했다. 청중의 반응을 느끼지 못한 상태에서 틀린 부분을 고
쳐 나가야 하는 녹음 작업이 처음에는 썩 유쾌하지 않았다. 그러나 솔직하고 본능에 충실
하며 놀랄 정도로 서정적인 그녀의 연주는 쇼팽 음악의 본질과 맞닿아 있다. 피아니스트
로서 막 자신만의 목소리를 내기 시작한 손열음을 확인할 수 있는 앨범이다.

CHOPIN
Nocturnes For Piano And Strings

세계 최초로 쇼팽의 녹턴 전곡을 오케스트라 편곡으로 연주한 음반이다. 2008년 유니버셜 뮤직과 녹음했다. 학구적이었던 첫 음반에 비해 대중성을 많이 고려했다. 손열음은 "쇼팽의 녹턴처럼 짙은 호소력을 지니면서 동시에 작품성을 갖춘 곡도 없다"고 말한다. 현악기 소리가 더해져 원곡인 피아노 솔로보다 지루하지 않게 감상할 수 있다. 편곡은 작곡가 김민경, 김택수가 맡았다. 손열음은 "쇼팽 당대의 음악가들이 했음직한 작업, 쇼팽이 들어도 공감할 만한 편곡"이라 자부했다. 피아노와 바이올린 2중주, 피아노 5중주, 피아노와 현악 앙상블 등 각양각색의 편성으로 쇼팽의 다양한 얼굴을 만날 수 있다.

13th International Van Cliburn Competition
Silver Medal - Yeol Eum Son

2009년 반 클라이번 콩쿠르 준우승 입상 특전으로 아르모니아 문디에서 발매된 대회 실황 음반이다. 분량상 실내악과 오케스트라 협연을 제외한 독주곡으로만 구성되었다. 손 열음의 선곡은 20세기 작곡가인 〈사무엘 바버: 피아노 소나타 26번〉과 프랑스 인상파인 〈드뷔시: 전주곡 1번〉까지 입상자 중 가장 다채롭고 깊은 폭을 보여 준다. 〈고도프스키: J.스트라우스의 '박쥐' 주제에 의한 교향적 메타모르포제〉에서는 빈틈을 찾기 어려운 손 열음의 테크닉이 폭발한다. 당시 콩쿠르에선 일본의 노부유키 츠지와 중국 장하오첸이 공동 1위에 올랐다. 심사위원의 입장에서 셋의 음반을 비교해 듣는 재미도 쏠쏠하다.

YEOL EUM SON
Piano

2012년 7월 독립 음반사 오뉴월뮤직에서 출반한 SACD(Super Audio Compact Disc)
다. 하나의 악기에 16개 진공관 마이크를 배치, 서라운드 방식으로 녹음해 넓은 공연장의
잔향과 공간감을 느낄 수 있다. 손열음이 사실상 프로듀싱을 도맡았다. 콩쿠르를 위해 준
비했던 〈카푸스틴: 변주곡 Op.41〉을 비롯해 〈리스트: 스페인 광시곡〉, 〈슈만: 유머레스크
Op.20〉 등 선곡에서부터 그녀만의 취향과 풍부한 감수성을 느낄 수 있다. 차이콥스키 콩
쿠르 참가를 결심했을 때 가장 먼저 떠올린 〈차이콥스키: 교향곡 6번 비창 – 파인버그 편
곡〉 등이 눈앞에서 연주하는 것처럼 생생하다.

YEOL EUM SON
Modern Times

데카 레이블과 2015년 11월에 녹음해 2016년 2월에 발매된 음반이다. 20세기 초반에 쓰인 곡들로 구성되었다. 1914년 1차 세계대전 전후로 나타난 클래식 음악의 변화를 생생히 느낄 수 있다. 전쟁 직전의 혼란을 반영하듯 광적인 연타음이 특징인〈프로코피에프: 토카타 D단조〉, 세계에서 가장 치기 어렵다는 3대 피아노 난곡 중 하나인〈스트라빈스키: 페트루슈카 중 3개의 악장〉에서는 괄목할 만큼 성장한 손열음의 연주 테크닉과 해석의 깊이를 확인할 수 있다. 세계대전에 참전한 라벨이 의병 제대 후 전우들을 기리며 완성한〈쿠프랭의 무덤〉과〈알반 베르크: 피아노 소나타 1번〉등이 담겨 있다.

YEOL-EUM
sonata

'젊은 거장'이라 불리지만 '신동'의 삶과는 거리가 멀었다. 다섯 살 때 강원도 원주의 동네 피아노 학원에서 처음 건반을 두드렸다. 피아노 연습이 아주 싫지는 않았지만 소풍이 더 가고 싶은 아이였다.

그러나 타고난 재능을 일찌감치 알아본 부모가 있었고, 앞서거나 뒤설 때마다 메트로놈이 되어준 스승이 있었다. 손열음은 그 흔한 조기 유학 한 번 가지 않고 열한 살에 출전한 차이콥스키 청소년 콩쿠르에서 최연소 준우승을 차지하며 음악 영재로 떠올랐다.

1999년 미국 오벌린 콩쿠르, 2001년 독일 에틀링겐 콩쿠르, 2002년 이탈리아 비오티 국제 콩쿠르에서 잇따라 최연소로 우승했다. 마침내 2009년 반 클라이번 콩쿠르 2위, 2011년 차이콥스키 콩쿠르 2위를 차지하며 우리나라를 대표하는 피아니스트가 되었다.

뉴욕 필하모닉, 체코 필하모닉, 이스라엘 필하모닉, NHK 심포니, 마린스키 오케스트라 등과 협연하며 발레리 게르기예프, 로린 마젤, 드미트리 키타옌코, 유리 바슈메트, 히사이시 조, 정명훈 등 세계적인 지휘자들과 호흡을 맞추었다. 이 모든 일들이 절로 이뤄진 것은 아니다. 셀 수 없이 많은 좌절이 있었고, 수많은 천재들과 피땀 흘리며 경쟁해 쟁취한 결과다. 하늘에서 뚝 떨어진 천재는 티브이 속에서나 존재한다. 피아니스트 손열음의 지난 30년을 그녀가 연주한 음악과 함께 서술한다.

42

Album Fur Die Jugend
Op.68
Schumann

호산나 피아노 학원, 그리고 첫 번째 독주회

"신부, 입장."

바그너의 〈결혼 행진곡〉이 흘러나온다. 교회에서 열린 지인의 결혼식이다. 음악이 잦아들 무렵 품에 안긴 딸아이가 말했다.

"엄마, 슬퍼……."

이제 겨우 말을 뗀 생후 11개월짜리 아기였다. 옆자리의 친구가 다시 물었다. 아이의 답은 같았다. 꼬맹이가 슬픔이란 감정을 알기나 할까. 놀라웠다. 무엇보다 음악에서 느낀 감정을 말로 표현했다는 사실이 좀처럼 믿기지 않았다.

손열음. 내가 직접 지은 한글 이름이다. 열매를 맺으라는 뜻이다. 날 때부터 몸집이 컸고, 말도 일찍 배웠다. 8개월 때 걸음마를 뗐다. 열음이가 쑥쑥 크는 걸 보면서 두 돌이면 아이가 다 자라는 줄 알았다. 오죽하면 세 살배기와 논리적인 대화가 가능했다. 때로는 기가 막혀 뱃속에서 배우고 나왔나 싶었다.

아이를 가졌을 때부터 예술에 재능이 있기를 내심 바랐다. 어쩌다 보니 국어 교사가 되었지만 학창 시절엔 성악가를 꿈꾸었다. 취미 삼아 배운 피아노는 수준급이었다. 결혼하고는 교회 성가대 반주를 맡았다. 아이가 뱃속에 있을 때도 주일이면 건반을 두드렸다.

열음이는 말수가 적었다. 클수록 낯가림이 심해졌다. 가족 이외엔 다른 사람을 만나려 들지 않았다. 낯선 사람을 만나면 이내 울었다. 바깥에 나가 노는 대신 집에서 읽지도 못하는 책을 끼고 살았다. 두 돌 반에 한글을 깨쳤다. 그때부터 아이의 손엔 언제나 책이 들려 있었다.

집에는 70년대에 구입한 업라이트 피아노가 있었다. 열음이는 피아노를 가지고 놀았다. 내가 어떤 음을 내면 비슷한 음을 따라 쳤다. 한 번 들은 노래도 박자와 리듬을 기억해 따라 불렀다. 이런 재능이라면 음악을 시켜 볼 만했다. 여름 방학이 되자

마자 동네 피아노 학원들을 수소문했다. 그때 열음이는 세 돌, 세는나이로 네 살이었다.

피아노 학원 선생님 중에는 나보다 실력이 못한 이들도 있었다. 그들은 하나같이 아이가 너무 어리다며 초등학교에 들어가면 다시 오라고 했다. 그런 곳이라면 매달릴 이유도 없었다. 마지막에 들른 곳이 호산나 피아노 학원이었다. 그곳 선생님은 내 말을 귀담아들으려 했다. 왜 이렇게 어린 아이를 데려왔는지, 왜 피아노를 가르치려 하는지, 호기심 어린 눈으로 물었다. 선생님이 순수해 보여 마음에 쏙 들었다. 그래도 아직은 이르다고 했다. 나는 한 학기 뒤에 다시 오겠다며 발길을 돌렸다.

호산나 피아노 학원은 집 앞 상가에 있었다. 하루는 선생님이 수업 중에 집까지 쫓아왔다.

"어머니, 열음이가 진짜 절대 음감이에요. 모든 음을 다 알아요!"

선생님이 치는 음을 열음이가 전부 알아맞혔다고 했다. 눈이 동그래진 선생님과 달리 나는 어느 정도 짐작하고 있던 터라 그리 놀라지 않았다.

피아노를 가르친 지 1년이 지났다. 선생님은 독주회를 제안했다. 열음이가 칠 수 있는 곡들로 한 시간짜리 프로그램을 짰다. 원주 치악예식장을 빌리고, 친지 200여 명에게 초대장을 보냈다. 열음이는 노란 드레스와 빨간 드레스를 번갈아 입으며 〈모차르트: 피아노 소나타 C장조 K.545〉, 〈슈만: 어린이를 위한 앨범 Op.68〉, 〈클레멘티: 소나티네 Op.36〉 등을 연주했다. 낯가림이 심한 아이인데 인파 앞에서 그렇게 신나 보일 수가 없었다.

학원 선생님은 더 좋은 스승에게 배워야 한다며 다른 선생님을 소개했다. 서울에서 하는 개인 레슨이었다. 여섯 살 때는 한 달에 한 번, 일곱 살 때는 2주에 한 번 서울로 레슨을 다녔다. 그러다 두 번째 선생님도 다른 선생님을 추천했다. 이남주 선생님이었다. 열음이가 초등학교 1학년 때부터 매주 한 번 아이를 태우고 서울과 원주를 왕복했다.

이남주 선생님은 아주 적극적이었다. 이런 아이는 오케스트라와 호흡을 맞춰 봐야 한다며 협연을 권했다. 열음이가 초등학교 2학년 때였다. 당시 원주에는 시립교향악단이 없었다. 청소년 오케스트라에 연락했지만 단번에 거절당했다. 모든 인맥을 동원해서 춘천의 한 오케스트라를 섭외했다. 이번에도 원주 치악예식장에서 공연을 열었다. 그때만 해도 집안 형편이 꽤 넉넉했다. 나는 선생님의 말이 떨어지면 망설이지 않고 실행하는 사람이었다.

이남주 선생님은 시류에 편승하지 않는 분이었다. 정형화된 입시 위주의 곡 대신 남들이 치지 않는 독특한 곡들만 치게 했다. 열음이는 하루 네 시간씩 연습했다. 피아노를 치지 않을 때는 책을 읽었다. 학교 가기 전에 서점에 들렀다가 수업이 끝나면 다시 서점에 가서 시간을 보냈다. 역사 코너에선 안 읽은 책이 없었다. 친구들이 집에 오면 역사 얘기를 해 주며 놀기를 좋아했다. 학교 성적은 늘 상위권이었다.

초등학교 3학년이 되었다. 선생님은 음악 캠프 참가를 권했다. 여름 방학 기간에 미국 보스턴에서 열리는 캠프였다. 3주간 사흘에 한 번 이름난 교수들이 레슨을 실시하는 방식이었다. 밤마다 음악회를 열고, 시내에서 열리는 오케스트라 연주에 데려가고, 음악 치유 프로그램도 있다고 했다. 그해 여름 아이와 함께 보스턴에 갔다. 참가자 30명 중 피아노 치는 아이가 절반이었다. 교수진 중 중국 피아니스트 인청쭝(殷承宗, Cheng-Zong Yin)이 있었다. 만 스무 살에 차이콥스키 콩쿠르 공동 2위를 차지한 천재였다. 사실 음악 캠프도 인청쭝이 온다기에 참가했다.

인청쭝은 열음이의 연주를 보고 칭찬을 아끼지 않았다. 그러면서 2년 뒤 열리는 차이콥스키 청소년 콩쿠르에 참가하라고 권유했다. 국내 콩쿠르에서도 1등을 해 본 적 없는 아이였다. 그날 밤 인청쭝이 연주하는 〈라흐마니노프: 피아노 협주곡 3번〉을 들으며 생각했다.

'내 딸도 저런 곡을 칠 수 있을까. 열음이가 정말 천재가 맞을까.'

Piano Concerto No. 21
in C major, K.467
Mozart

차이콥스키 청소년 콩쿠르

엄마에게는 미안한 얘기지만 나는 피아노가 별로다. 재미가 없진 않은데, 나가는 콩쿠르마다 떨어지는 걸 보면 재능이 없는 게 확실하다. 나는 피아니스트가 되기엔 피아노를 너무 못 친다. 그런데도 연습 때문에 남들 다 가는 소풍 한 번 못 갔다.

엄마는 바쁜 사람이다. 고등학교 선생님이라 일주일에 나흘은 야간 자율 학습을 감독한다. 아침 7시에 나가서 저녁 11시에 들어온다. 일주일에 한 번 서울에서 레슨하는 날을 빼고는 엄마 얼굴을 볼 수 없다. 엄마의 빈자리는 외할머니 차지다.

열 살 여름 방학 때 엄마랑 같이 간 보스턴 음악 캠프에서 인청쭝을 만났다. 내 평생 처음 만난 천재다. 하루는 인청쭝이 연습하는 〈슈베르트: 즉흥곡 B플랫 장조〉의 제 2변주를 몰래 들었다. 그러다 엄마가 불러서 시내 구경을 갔다가 대여섯 시간 지나 돌아왔는데, 그때도 똑같은 부분을 연습하고 있었다. 천재는 저렇게 만들어진다는 걸 어렴풋하게나마 느꼈다.

그런 그가 1997년 러시아에서 열리는 차이콥스키 청소년 콩쿠르에 나가 보라고 말했을 때 정말 어이가 없었다. 국내 콩쿠르에서도 만날 떨어지는데 국제 콩쿠르가 웬 말이냐 싶었다. 대회에 열 번 나가면 한두 번만 상을 타고 나머지는 다 탈락하는 수준인데. 더구나 엄마는 학교 수업을 뺄 수 없어서 나 혼자 러시아에 가야 했다. 난 초등학교 5학년인데…….

보스턴 음악 캠프에 참가했다가 끝나고 바로 러시아로 넘어가는 일정이었다. 한 달 넘게 엄마를 못 본다는 생각에 비행기 화장실 안에서 엉엉 울었다. 보스턴에서 뉴욕을 거쳐 모스크바로 건너가 상트페테르부르크로 환승하는 과정을 모두 혼자 했다. 모스크바에서 환승한 국내선은 한눈에도 낡아 보여 무서웠다. 러시아는 미국 보스턴과는 완전히 달랐다. 사람들은 더 하얗고 표정은 훨씬 어두웠다. 공항에 마중 나온 콩쿠르 관계자가 참가자들을 모아 버스에 태웠다. 다른 참가자들은 다 엄

마랑 같이 앉았는데 내 옆자리만 비어 있었다. 영어도 한 마디 못 하는데 어떻게 하지? 눈앞이 캄캄했다.

다음 날 그렇게 보고 싶던 엄마가 한국에서 건너왔다. 사흘간 엄마와 한 몸인 것처럼 꼭 붙어서 잤다. 그때의 엄마 품처럼 강렬한 것은 세상에 없었다. 개학을 앞둔 엄마는 다시 떠났고, 러시아에 사는 이남주 선생님의 제자들이 가끔 나를 보러 왔다. 그분들이 보호자 삼아 고려인 언니를 한 명 소개시켜 줬는데 한국말을 못했다.

국제 콩쿠르는 모든 게 달랐다. 지금까지 나갔던 대회는 커튼 앞에서 혼자 연주하면 커튼 뒤에 앉은 심사위원들이 10분도 안 듣고 끊는 경우가 허다했다. 그러나 국제 콩쿠르는 1차 때는 25분, 2차 때는 40분을 연주하고, 3차 때는 오케스트라와 협연하는 방식이었다. 1차만 통과해도 다행이라고 생각했는데 엉겁결에 3차까지 올라갔다. 나는 〈슈만: 아베크 변주곡〉, 〈리스트: 꼽추의 춤〉, 〈차이콥스키: 사계〉 중 '4월', 〈모차르트: 피아노 협주곡 21번 C장조 K.467〉 등을 연주했다.

청소년 콩쿠르는 만 18세까지 참가할 수 있었다. 참가자 중 내가 가장 어렸다. 러시아 아이들이 사활을 걸고 연주하는 모습을 보며 소름이 돋았다. 수상자 발표장에는 고려인 언니와 함께 앉아 있었다. 처음엔 내가 호명된 것을 알아듣지 못했다. 최연소 2위. 그것도 1위 없는 2위였다. 워낙 기대를 안 해서 그런지 머리가 멍하고 아무 생각도 안 났다. 정신이 돌자마자 집에 전화했다. 엄마도 나처럼 얼떨떨한 모양이었다. 이남주 선생님은 역시 자신이 옳았다며 크게 기뻐하셨다.

수상 소식이 국내에 알려지면서 금호문화재단에서 연락이 왔다. 그해부터 신설되

는 영재 콘서트에 참가해 달라는 얘기였다. 나와 함께 차이콥스키 청소년 콩쿠르에

서 바이올린 부문 2위를 한 권혁주, 첼로에서 1위를 한 고봉인 등을 초청해 한 달간

콘서트를 연다고 했다. 그 콘서트의 브로슈어에 각 연주자가 사사한 스승의 이름이

실렸다. 이남주 선생님의 이름이 있어야 할 자리에 인청쭝의 이름이 함께 올라와

있었다. 주최 측의 실수였는데 선생님의 오해를 사고 말았다.

선생님은 나를 더 이상 못 맡겠다고 하셨다. 엄마도 나도 선생님 말고는 전혀 네트

워크가 없었다. 이대로 피아노를 그만둬야 하나 생각했다. 당시 각종 콩쿠르에서

수상한 또래 아이들은 너도나도 유학을 갈 때였다. IMF로 집안 사정이 많이 어려워

지면서 나는 유학을 갈 수 있는 형편이 아니었다.

엄마가 피아노를 그만해도 될지 물었다. 처음으로 피아노를 하는 것에 대해 깊이

고민했다. 이제 겨우 상도 하나 탔고, 어쩌면 내가 재능이 있을지도 몰랐다. 내가 울

면서 계속하고 싶다는 의사를 밝히자 엄마도 적극적으로 나섰다. 막 원주시향이 생

겼을 때였다. 엄마는 나를 데리고 원주시향의 임헌정 지휘자를 무작정 찾아갔다.

이런 아이가 있다며 소개하고 오디션을 보게 했다. 내 연주를 들은 임헌정 선생님

은 동료인 또 다른 지휘자를 소개했고, 그분께서 동료 교수 한 분을 소개해 주겠다

는 연락이 왔다. 김대진. 유명한 피아니스트이자 한국예술종합학교(이하 한예종)

의 교수라고 했다.

Piano Concerto No.2
in F minor, Op.21
Chopin

김대진과의 만남

1998년 9월 30일, 원주초등학교 6학년이던 손열음은 예술의전당 오페라하우스 5층 강의실에서 김대진을 만났다. 손열음은 김대진 앞에서 차이콥스키 콩쿠르에서 쳤던 한두 곡과 쇼팽 연습곡 몇 개를 쳤다. 김대진은 손열음의 집안 사정을 전해 들어 알고 있었다. 이 아이의 연주엔 남이 절대 흉내 내지 못할 개성과 독창성이 있었다. 클래식 교수로서 신기하기까지 했다. 어머니에게 레슨비를 부담 없을 정도로 받을 테니 아이를 편하게 맡기라고 했다.

한예종은 영재들을 위해 방과 후 학교 형식의 예비 학교를 운영하고 있었다. 미국 줄리어드 음악원의 예비 과정과 유사한 형태로 초·중·고에 재학 중인 학생들에게 대학 교과 과정을 미리 가르쳤다. 한예종 교수들에게 받는 전공 악기 레슨도 포함되어 있었다. 중학교에 들어가자마자 한예종 예비 학교에 입학한 손열음은 한 학기에 몇십 만 원 정도의 수업료만 내고 김대진의 레슨을 받았다. 매주 토요일마다 예술의전당 오페라 하우스나 음악당에서 수업을 받았다.

예비 학교에 입학해서야 손열음은 자신이 음악적 재능이 있다는 걸 알았다. 음을 듣고 맞추는 시창과 청음이 다른 친구들에 비해 유독 뛰어났다. 새 스승의 교수법은 매우 엄격했다. 눈물이 쏙 빠지게 혼이 난 적도 많았다. 한번은 콩쿠르를 앞두고 슬럼프가 찾아왔다. 아침에 일어나기도 싫고 아무것도 손에 잡히지 않았다. 아침마다 선생님으로부터 수십 통의 전화가 왔다. 2~3주가 지나서야 겨우 마음을 잡고 다시 피아노 앞에 앉을 수 있었다.

손열음은 무언가를 체계적이고 계획적으로 하는 스타일이 아니었다. 그런 자유로운 성격이 음악에도 자연스럽게 배어났다. 스승은 그런 제자의 즉흥적 표현력을 높이 평가하면서도 지킬 건 지키는 기본 틀과 원칙을 가르쳤다. 손열음은 김대진을 만나면서 피아노 테크닉뿐 아니라 음악이 어떻게 만들어지는지에 대해 눈을 떴다.

그때부터 음악이 다르게 들리기 시작했다.

어릴 때부터 집에는 엄마가 틀어 놓은 클래식 FM이 늘 흐르고 있었다. 서울로 레슨을 오갈 때의 차 안에서도 마찬가지였다. 손열음은 중학교에 들어가면서부터 본격적으로 음악 감상에 빠져들기 시작했다. 가요, 록, 팝 등 다양한 장르의 음악을 가리지 않고 찾아 들었지만 그중에서도 클래식이 가장 매력적이었다. 음악이 좋아지면서부터 피아노 치는 게 점점 재밌어졌다.

차이콥스키 청소년 콩쿠르에서 입상하고부터는 콩쿠르에 대한 자신감도 붙었다. 선생님의 추천으로 국제 콩쿠르에 잇따라 도전했다. 만 13세 때 나간 미국 오벌린 콩쿠르는 13~18세 부문에, 만 14세 때 나간 독일 에틀링겐 콩쿠르에서는 청소년 부문 대신 17~22세 부문에, 만 16세 때 나간 이탈리아 베르첼리 비오티 콩쿠르에선 16~32세 부문에 출전했다. 전부 최연소로 우승했다.

유학 경력이 없는 순수 국내파 중에서 이런 성과를 거둔 연주자는 이제껏 없었다. 베르첼리 비오티 콩쿠르 결선에서 〈쇼팽: 피아노 협주곡 2번〉을 연주한 뒤 4번의 커튼콜을 받았다. 심사위원들은 '완벽한 테크닉과 믿을 수 없는 음악적 깊이로 이뤄진 연주'라며 찬사를 보냈다.

Piano Concerto No. 1
in E flat major, S.124
Liszt

———◁•▷———

로린 마젤과 협연

손열음은 원주여중을 졸업하고 한예종 음악원 기악과에 02학번으로 영재 입학했다. 고등학교 과정은 건너뛰었다. 대학에 입학하면서부터 비로소 연습을 불규칙적으로 할 수 있게 되었다. 숨통이 트이는 느낌이었다.

피아노 전공 동기는 5명이었다. 음악원에서는 음악사, 음악 이론 등 다양한 과목을 가르쳤다. 가장 좋아한 건 현대 음악 작곡과 연주, 그리고 실내악 수업이었다. 당시 손열음만큼이나 주목받던 김선욱도 피아노 전공 04학번으로 들어왔다. 둘은 친했지만 연주 스타일은 완전히 달랐다. 김선욱은 한 음조차 틀리는 걸 못 참아 했고, 손열음은 실수에 크게 개의치 않았다. 이 밖에도 바이올리니스트 이지혜, 윤소영, 강주미, 신지아, 소프라노 서선영 등과 캠퍼스에서 만났다. 나이는 어렸지만 똑같이 대학 생활을 했다. 술도 일찍 배웠다.

그 무렵 손열음은 금호아시아나그룹의 박성용 회장을 종종 만났다. 금호 영재 콘서트 때 처음 만난 박 회장은 아이스크림을 먹으러 가자며 말을 걸어왔다. 상상 속 재벌 회장답지 않게 소탈했다. 어린 예술가들에게 무대 경험을 제공하고자 영재 콘서트를 기획한 박 회장은 매주 영재들을 무대에 세우고, 호텔 레스토랑에서 같이 식사하며 테이블 매너부터 가르쳤다. 그러면서도 음악에 있어서는 어린 친구들의 이야기를 새겨들었다. 손열음에게도 무슨 음반을 들어야 하느냐며 조언을 구했다.

2003년 세계적 지휘자 로린 마젤이 내한했을 때 박 회장은 만찬을 열고 그 자리에 손열음과 첼리스트 이유홍을 초대했다. 둘의 연주를 거장 앞에서 보여 주고 협연을 주선하기 위해서였다. 낯을 많이 가리는 데다 영어도 서툴렀던 손열음은 마젤 앞에서 거의 말을 하지 못했다. CD로만 접했던 거장이었고, 첫인상도 차가웠다. 박 회장은 아쉬운 표정을 감추지 못했다. 자리를 파할 즈음 참고 참던 말을 뱉었다.

"다 너를 위해 만든 자린데……"

그러나 이듬해 아시아 투어를 위해 내한한 마젤은 손열음을 협연자로 택했다. 2004년 손열음은 마젤이 이끄는 뉴욕 필하모닉과 서울, 대전, 도쿄에서 협연하며 국제 무대에 화려한 신고식을 올렸다. 손열음의 연주에 만족한 마젤은 2008년 다시 서울을 찾았을 때도 손열음을 무대에 세웠다.

박성용 회장은 2005년 도쿄 필하모닉에 손열음을 추천했다. 그렇게 성사된 협연 무대를 준비하고 있을 때 박 회장이 위독하다는 소식을 들었다. 연주를 포기하고 병문안을 갈까도 싶었지만 공연에 최선을 다하는 게 도리라 생각했다.

손열음은 자신보다 더 큰 꿈을 꾸고, 매사에 발 벗고 나서는 박 회장이 부담스러울 때도 있었다. 안부 문자에 답이 없으면 "연습하느라 바쁠 텐데 방해해서 미안하다. 신경 쓰지 말렴." 콩쿠르에 탈락하면 "얼마나 속상하니. 울고 있을까 봐 전화를 못 하겠구나." 하던 분이었다. 이런 사람은 세상에 부모 말고 없는 줄 알았다.

2005년 3월 22일 오전 7시, 이스라엘 출국을 앞두고 서울의 한 일식집에서 박 회장을 만났다. 졸린 눈을 비비며 식당에 도착했다.

"오늘이 아니면 못 볼 것 같아서 보자고 했는데 너무 이른 시간에 불러냈구나. 미안해서 어쩌니."

그날의 만남이 마지막이 될 줄은 그땐 미처 몰랐다.

24 Preludes, Op. 28
No. 16 in B flat minor
Chopin

────❖────

아리에 바르디와의 만남

대학 졸업이 다가오자 김대진은 유학을 권했다. 유학을 간다면 어디서 배우느냐보다 누구에게 배우느냐가 중요했다. 김대진은 세계에서 피아노 스승으로 다섯 손가락 안에 꼽히는 분이 레슨을 하는 음악 캠프가 있다며 추천했다. 독일 고슬라에서 열리는 '아리에 바르디 마스터 클래스'였다. 사실 손열음은 반드시 유학을 가야겠다는 마음은 없었다. 2004년 8월 별 기대 없이 찾아간 독일의 작은 마을에서 손열음은 평생의 스승을 만난다.

아리에 바르디는 전 세계에서 몰려든 수많은 음악도 중에 자신이 가르칠 제자를 물색하고 있었다. 귀가 얼마나 좋은지, 악보를 얼마나 빨리 보는지, 얼마나 빠르게 곡을 소화하는지 등이 평가 기준이었다. 손열음은 바르디 앞에서 〈쇼팽: 24개의 전주곡 Op.28〉을 1번부터 연주하기 시작했다. 대가 앞이라 완전히 얼었는지 연주가 뜻대로 풀리지 않았다. 머리와 손이 따로 놀았다. 반쯤 포기한 심정으로 겨우 13번까지 연주했을 때였다. 2층 발코니에서 연주를 듣고 있던 바르디가 말했다.

"고마워. 충분히 들었으니 이제 16번을 연주해 줄래?"

하필 16번. 쇼팽의 작품 중에서도 어렵기로 유명한 곡이었다. 심호흡을 하고 연주를 시작했다. 정신을 놓은 채로 1분이 확 지나갔다. 연주를 마치고 2층을 바라보자 바르디가 조용히 악보를 덮고 박수를 치기 시작했다. 그는 지금까지 교육을 아주 잘 받았다고 칭찬하며 천천히 내려와 피아노 옆에 앉았다.

바르디는 13번 악보를 다시 펼쳤다. lento(아주 느리게). 그는 쇼팽이 lento라고 적은 다른 곡이 또 뭐가 있는지 물었다. 순간 머리가 하얘졌다. 단 한 번도 생각해 본 적 없는 주제였다. 그럼 F샤프 장조로 된 쇼팽의 다른 곡은 아는지 물었다. 이건 별로 어려운 질문이 아니었다. 머뭇거리며 〈녹턴 Op.15 No.2〉라 대답했다. 마침내 그의 눈이 두 배로 커졌다. "그리고 이것도 있지?" 하며 〈뱃노래 Op.60〉를 연주하

고는 두 작품의 공통점을 통해 쇼팽이 의도한 F샤프 장조의 성격을 정의해 보자고 했다. 이음줄이 앞에서는 계속 사용되다가 왜 딱 한 마디에만 빠져 있는지, 그 부분을 어떻게 연주해야 할지 등 생전 처음 가져 보는 문제의식이었다.

바르디가 악보의 첫 8마디를 가지고 40여 분을 강의했을 때 손열음은 완전히 반해 있었다. 그토록 순수한 열정과 음악에 대한 논리적 접근은 사뭇 충격적인 것이었다. 새로운 세상이 열리는 듯했다. 그로부터 2년 뒤 손열음은 하노버 국립 음악 대학 박사 과정에 입학한다.

김대진에게 테크닉 등 연주자로서의 모든 것을 배웠다면 바르디와는 음악에 관한 토론을 주로 했다. 바르디는 음악에 관해선 '인간 구글'이나 다름없었다. 그는 제자에게 당부했다.

"음악가는 여러 부류가 있다. 뛰어난 테크닉으로 관객을 놀라게 하는 부류와 감성을 자극해서 눈물을 유도하는 부류, 지성적으로 사고하는 부류와 본능적으로 연주하는 부류, 열정적으로 연주하는 부류와 냉철하게 연주하는 부류. 넌 모든 면에서 양쪽 캐릭터를 다 갖고 있으니 고루 발전시키면 좋을 것이다."

손열음은 바르디를 만난 뒤 '어떻게' 연주해야 하는지보다 '무엇을' 연주해야 하는지를 고민하기 시작했다.

Piano Concerto No.2
in G minor, Op.16
Prokofiev

— ❈ —

반 클라이번 콩쿠르

클래식 산업계가 어떻게 돌아가는지 독일에 와서야 알 수 있었다. 세계 클래식 무대는 동양인 없이도 잘만 돌아갔다. 무명의 연주자를 초청하는 곳은 어디에도 없었다. 마케팅에 대한 지식도 전무했고, 먼저 찾아가 제안하는 성격도 아니었다.

배운 게 콩쿠르밖에 없었다. 2005년 루빈스타인 콩쿠르에서 3위를 하고, 그해 쇼팽 콩쿠르에서도 결선에 올랐지만 세계 무대에선 여전히 무명에 가까웠다. 손열음은 2009년 반 클라이번 콩쿠르를 목표로 삼았다. 동양인에 대한 시선은 미국이 유럽보다 나을 거라고 기대했다. 더구나 반 클라이번은 냉전 시기인 1958년 러시아에서 열린 제1회 차이콥스키 콩쿠르에서 우승하며 미국을 열광시킨 영웅이었다. 결선에 오른 6명을 등수에 상관없이 지원해 주는 것도 반 클라이번 재단의 장점이었다. 입상 후 3년간은 기획사처럼 공연을 직접 예약해 주는 시스템이다.

손열음은 텍사스에서 열린 제13회 반 클라이번 콩쿠르 결선에서 포트워스 심포니 오케스트라와 쇼팽, 프로코피예프의 피아노 협주곡을 협연해 준우승을 거머쥐었다. 준결승에서 현악 4중주단인 타카치 콰르텟과 호흡을 맞춘 〈브람스: 피아노 5중주〉로 최우수 실내악 연주상도 함께 수상했다.

콩쿠르 부상으로 미국 콘서트 투어 등 연주 기회는 물론 클래식 레이블 '아르모니아 문디 USA'와 음반 레코딩 계약도 따냈다. 이후 독일을 비롯한 유럽에서도 공연이 잡히기 시작했다. 이제 겨우 연주자로서 첫발을 떼나 싶었다.

그러나 믿었던 반 클라이번 재단에 문제가 생겼다. 대표가 사퇴하고 직원 열다섯 명 중 열두 명이 나가면서 조직이 엉망이 되었다. 준우승 첫해엔 50개의 연주를 잡아 줬는데 다음 해에는 20개도 채 되지 않았다. 새로운 돌파구가 필요했다. 반 클라이번 콩쿠르 주최 측 대표가 또 한 번의 콩쿠르를 권했다. 반 클라이번을 세계적 스타로 만든 무대, 차이콥스키 콩쿠르였다.

Piano Concerto No.1
in B flat Minor, Op. 23
Tchaikovsky

차이콥스키 콩쿠르, 그 이후

이번이 마지막이라고 생각했다. 반 클라이번 콩쿠르 준우승 이후 연주 경험도 많았고 한창 컨디션이 올라와 있을 때였다. 우승을 하고 말고를 떠나 무대를 즐길 자신이 있었다. 보통 콩쿠르에 좋아서 나간 적은 없었는데 이번만은 달랐다.

공교롭게도 콩쿠르 책자에 손열음의 연주곡목만 인쇄가 잘못 되어 있었다. 손열음이 〈카푸스틴: 변주곡 Op.41〉을 연주하자 장내가 술렁이기 시작했다. 관객들이 모를 만한 생소한 곡이기도 했지만 콩쿠르 연주곡으로는 전혀 예상 못한 재즈풍의 곡이었기 때문이다.

연주가 끝나자 많은 관객들이 무대 뒤로 찾아와 곡명을 물었다. 대부분이 미국 작곡가의 곡으로 예상하고 있었다. 손열음은 그 곡이 니콜라이 카푸스틴이라는 우크라이나 작곡가의 곡이며, 바로 이 콩쿠르가 열리는 차이콥스키 음악원 출신이고,

지금도 모스크바에 살고 있다고 답했다. 그날 이후 관객들의 눈빛이 달라졌다. 손열음은 대회의 매 순간을 즐겼다. 결선 무대에서 〈차이콥스키: 피아노 협주곡 1번〉을 연주했을 때는 의자에서 일어나기 싫었다. 이제 정말 마지막이구나…… 도무지 깨고 싶지 않은 꿈결 같은 순간이었다.

손열음은 2011년 제14회 차이콥스키 콩쿠르에서 준우승을 차지했다. 실내악 협주곡 최고 연주상, 콩쿠르 위촉 작품 최고 연주상까지 휩쓸었다. 한국인 피아니스트로선 역대 최고 기록이었다. 3위는 당시 열일곱 살이었던 조성진, 1위는 러시아의 다닐 트리포노프였다. 손열음은 상금으로 2만 유로를 받았다.

콩쿠르 부상으로 1년에 50회, 3년간의 연주 기회가 보장되었다. 이밖에도 콩쿠르 영상을 본 세계 곳곳의 공연 기획사들로부터 연주 의뢰가 쏟아졌다. 비행기, 호텔까지 잡아 주는 곳은 거의 없었다. 연주 일정에 맞춰 밤낮으로 예약을 하다 보니 항공권 예약을 항공사 직원보다 잘하는 수준이 되었다. 호텔 예약 사이트에서도 VIP 고객이고, 1년에 20여 개국을 다니다 보니 짐 싸는 데에도 도가 텄다.

손열음은 공항 입국 심사대에서 직업을 물으면 '콘서트 피아니스트'라고 답한다. '음악가'라고 하면 추가 질문이 이어지기 때문이다. 사람들은 클래식 연주자를 딴 세상 사람처럼 생각하지만 똑같이 땀 흘리며 살아가는 직업인이다.

손열음은 2015년 대관령국제음악제에서 하프시코드 연주자로도 데뷔했다. 하프시코드는 피아노가 나오기 전인 16~18세기의 건반 악기다. 손열음은 바흐가 〈골드베르크 변주곡〉을 작곡할 당시의 악기였던 하프시코드로 그 곡을 연주했다. 십여 년 전부터 꿈꿔 왔던 일이었다. 지난 5년간 집, 공항, 기내에서 틈나는 대로 쓴 음악 칼럼을 엮어 《하노버에서 온 음악 편지》라는 책도 냈다.

2016년 2월 손열음은 3년 만에 두 번째 국내 리사이틀을 앞두고 있다. 지난 리사이틀 때는 대중이 좋아할 만한 곡들로 선곡했지만 이번엔 자신이 연주하고 싶은 곡으로만 골랐다. 지금으로부터 꼭 100년 전인 20세기 작곡가들의 곡이다. 제일 좋아하고 잘할 수 있는 걸 하면 듣는 사람도 좋아한다는 걸 알았다. 리사이틀에서 연주할 레퍼토리로 음반도 발매할 예정이다. 베를린 예수그리스도 교회에서 사흘 동안 꼬박 녹음했다. 개성 강한 손열음의 연주를 두고 언론에서는 주류의 경력을 지녔으면서도 비주류의 감수성을 껴안은, 모방 불가능한 연주라 평한다. 이번 콘서트에서는 또 어떤 마법 같은 선율로 청중을 숨 멎게 할까.

CLASSICS
in youtube

Mozart - Piano Concerto No. 21, K.467 / Yeol Eum Son

👁 1,142,757

uploaded by: alddo3

클릭 몇 번에 세계적 거장의 연주를 안방에서 감상할 수 있는 세상이다. 손열음이 2011년 차이콥스키 콩쿠르에서 〈모차르트: 피아노 협주곡 21번 C장조 K.467〉을 연주한 영상은 유튜브 조회 수 100만을 넘었다. 〈리스트: 라 캄파넬라〉의 인기도 만만치 않다. 바야흐로 비주얼의 시대. 클래식도 예외는 아니다. 귀보다 눈을 먼저 잡아끄는 유튜브 스타들을 소개한다.

유자 왕 Yuja Wang
Tchaikovsky: Piano Concerto No. 1   1,400,166

2008년 손가락이 보이지 않는 엄청난 속주로 〈림스키 코르사코프: 왕벌의 비행〉을 연주
한 1분 42초짜리 동영상은 쇼킹 그 자체였다. 유튜브에서 300만이 넘는 조회 수를 기록
하며 유자 왕은 일약 클래식계 아이돌이 되었다. 미니스커트에 하이힐을 신고 연주하는
중국 스타 피아니스트의 현재를 위 동영상에서 확인할 수 있다.

카티아 부니아티쉬빌리 Khatia Buniatishvili
Schumann: Klavierkonzert   1,825,562

피아노의 여제 마르타 아르헤리치가 극찬한 천재 피아니스트이자 현재 유럽에서 가장 핫
한 클래식 스타다. 이 영상에서 카티아는 타이트한 흰색 드레스를 입고 등장한다. 피아노
에 앉는 순간 훤히 드러나는 그녀의 등이 눈길을 끈다. 그녀의 데뷔 음반 〈프란츠 리스트〉
의 표지는 한 편의 '잔혹 동화'처럼 무서울 정도로 아름답다.

피아노 가이즈 ThePianoGuys
Let It Go(Disney's "Frozen") + Vivaldi's Winter   52,513,403

미국의 크로스오버 그룹 '피아노 가이즈'는 클래식과 팝을 믹스한 뮤직비디오를 유튜브에 잇따라 올렸다. 그랜드 피아노를 해체하는 〈왓 메이크 유 뷰티풀〉 영상으로 단숨에 유튜브 스타로 떠올랐다. 위 영상에서는 〈비발디: 사계〉 중 '겨울'과 〈겨울왕국〉의 OST 〈렛 잇 고〉를 얼음 속에서 연주한다. '보는 음악'의 절정이다.

투 첼로스 2CELLOS
Thunderstruck   53,913,710

스테판 하우저와 루카 슐릭은 엘리트 코스를 밟아 온 첼로계의 훈남 듀오다. 마이클 잭슨의 〈스무스 크리미널〉 프리 스타일 연주를 유튜브에 올려 크게 히트했다. 위 영상에서 둘은 궁정 시대 악사의 옷을 입고 첼로 줄이 끊어지도록 연주하다 바닥을 뒹군다. '클래식'과 '로큰롤'이 결합된 '클래시컬 로큰롤 크로스오버'라는 새 장르를 개척했다.

발렌티나 리시차 Valentina Lisitsa
Beethoven: 'Moonlight' Sonata op.27 # 2 Mov 3   12,096,238

'건반 위의 마녀', '피아노 검투사'라 불리는 그녀의 파워풀한 연주 영상들은 유튜브에서 6천만 회 이상이라는 경이적인 조회 수를 기록했다. 뵈젠도르퍼 피아노만을 고집하는 우크라이나 출신의 미국 연주자다. 2007년 유튜브에 첫 연주 영상을 올린 이래 쇼팽 에튀드 전곡 영상 시리즈로 주목을 받았다. 금발의 긴 생머리가 격렬한 타건과 함께 흩날린다.

베를린 필하모닉, 메디치 TV
digitalconcerthall.com, medici.tv

베를린 필은 2009년 세계 최초로 디지털 콘서트홀을 런칭하고 동영상 콘서트를 제공하기 시작했다. 1년에 150유로를 내면 40회 이상의 공연 실황 중계와 지난 음악회, 인터뷰 영상을 다시 볼 수 있다. 이밖에도 차이콥스키 콩쿠르, 쇼팽 콩쿠르, 잘츠부르크 음악 축제 등 유럽의 이름난 음악회를 실시간 중계하는 메디치TV 웹사이트도 볼만하다.

Concours

쇼팽 콩쿠르, 차이콥스키 콩쿠르, 퀸엘리자베스 콩쿠르를
'세계 3대 콩쿠르'라 일컫는다. 공인된 용어는 아니지만
이들 대회가 배출한 연주자들의 면면을 보면 고개가 끄덕여진다.
세계 3대 콩쿠르를 소개한다.

International
Frederick Chopin
Piano Competition

쇼팽 국제 피아노 콩쿠르

폴란드의 쇼팽 콩쿠르는 1927년 창설되어 5년마다 열린다. 쇼팽의 기일인 10월 17일을 전후해 3주 동안 진행된다. 피아노 부문만 실시하며 쇼팽의 곡만 연주할 수 있다. 마우리치오 폴리니(60년 우승), 마르타 아르헤리치(65년 우승), 크리스티안 짐머만(75년 우승), 당 타이 손(80년 우승), 스타니슬라브 부닌(85년 우승), 윤디 리(00년 우승) 등이 쇼팽 콩쿠르 출신이다. 1990년과 1995년에는 우승자가 없었다. 한국인 수상자는 2005년에 처음 나왔다. 임동민, 임동혁 형제가 2위 없는 공동 3위에 올랐다. 2015년 제17회 대회에서 조성진이 우승했다.

참가 연령은 만 16세부터 만 30세까지다. 참가 지원자는 참가 신청서, 자기소개서, 출생증명서, 추천서 등과 함께 연주 영상을 제출해야 한다. 연주자의 오른쪽에서 손가락 움직임이 보이도록 촬영하고, 편집해서는 안 된다. 전형료는 100유로다. 예선과 스테이지 1~3을 거쳐 파이널 스테이지 순서로 진행된다. 피아노는 파지올리, 가와이, 스타인웨이, 야마하 중에서 시험 연주를 한 뒤 선택할 수 있다.

예선에 초청된 160명 중 80명이 스테이지 1 출전 자격을 얻는다. 본선에 진출하면 여행 경비가 지원된다. 호텔 객실마다 디지털 피아노가 비치되고, 국립쇼팽음악대학교에서 매일 2시간씩 연습할 수 있다. 스테이지 2에는 40명, 스테이지 3에는 20명, 파이널에는 10명 이하가 진출한다. 한 번 연주한 곡은 다시 연주할 수 없다. 위원회에서 선정한 레퍼토리 중 선택해야 한다. 악보는 외워서 쳐야 한다.

1등은 3만 유로, 2등은 2만 5000유로, 3등은 2만 유로, 4등은 1만 5000유로, 5등은 1만 유로, 6등은 7000유로의 상금을 받는다. 폴로네즈, 마주르카, 콘체르토, 소나타 부문의 특별상도 있다. 수상자들은 세 차례의 수상자 콘서트에 참가해야 한다. 응하지 않을 경우 상금을 포기한 것으로 간주한다.

International Tchaikovsky Competition

차이콥스키 국제 콩쿠르

러시아의 차이콥스키 콩쿠르는 1958년 창설되었다. 4년마다 열린다. 창설 당시에는 피아노와 바이올린 부문만 있었으나 1962년 첼로 부문, 1966년 성악 부문을 신설했다. 성악은 남녀를 구분해 열린다. 개최 시기는 6~7월이다.

1회 대회 피아노 부문 우승자는 반 클라이번이었다. 냉전 시대 미국 연주가가 소련 콩쿠르에서 우승을 차지해 화제가 되었다. 한국인 첫 수상자는 1974년 피아노 부문의 정명훈(공동 2위)이었다. 그가 귀국하던 날 김포공항에서 서울시청까지 카퍼레이드가 열렸다. 피아노 부문 역대 수상자로 백혜선(94년 공동 3위), 손열음(11년 2위), 조성진(11년 3위)이 있다. 성악 부문에서는 바리톤 최현수(90년), 베이스 박종민(11년), 소프라노 서선영(11년)이 우승을 차지했다.

피아노와 바이올린 부문은 모스크바에서, 첼로와 성악 부문은 상트페테르부르크에서 열린다. 기악 참가자는 만 16세부터 만 32세까지, 성악 참가자는 만 19세부터 만 32세까지 참가할 수 있다. 신청 서류는 다른 국제 콩쿠르와 대동소이하다. 참가비는 200달러다.

콩쿠르는 예선을 거쳐 본선 라운드 1~3으로 진행된다. 라운드 1에는 피아노 30명, 바이올린 25명, 첼로 25명, 성악 40명(남녀 각각 20명) 이내로 초청한다. 라운드 2에서 다시 일부 탈락하고, 파이널 라운드에는 피아노 6명, 바이올린 6명, 첼로 6명, 성악 8명 이내로 올라간다. 피아노 부문을 제외하고는 각자 연주할 악기를 지참할 수 있다. 라운드 1에서 추첨을 통해 연주 순서를 정한다.

그랑프리 상금은 10만 달러, 부문별 1위는 3만 달러, 2위는 2만 달러, 3위는 1만 달러, 4위는 5000달러, 5위는 3000달러, 6위는 2000달러를 받는다. 이밖에도 다수의 특별상이 있다. 파이널 라운드 진출자는 폐막 콘서트에 참가해야 한다.

The Queen Elisabeth International Music Competition

퀸엘리자베스 국제 콩쿠르

1937년 이자이 콩쿠르라는 명칭으로 창설되었다. 당시 경연은 바이올린 부문만 있었다. 초대 우승자는 구소련의 다비드 오이스트라흐였다. 퀸엘리자베스 콩쿠르란 이름으로는 1951년부터 개최되었다. 벨기에의 왕비 이름에서 콩쿠르 명칭을 따 왔다. 바이올린, 피아노, 성악 부문은 각각 3년마다 번갈아 열고, 작곡 부문은 2년마다 연다. 2017년부터 첼로 부문을 신설한다. 개최 시기는 5월이다.

역대 한국인 수상자는 다음과 같다. 피아노 부문에서는 이미주(87년 6위), 백혜선(91년 4위), 박종화(95년 5위), 임효선(07년 5위), 김태형(10년 5위), 김다솔(10년 6위)이 입상했다. 바이올린 부문에서는 강동석(76년 3위), 배익환(85년 2위), 김수연(09년 4위), 신지아(12년 3위), 임지영(15년 1위)이 입상했다. 성악 부분에서는 소프라노 홍혜란(11년), 소프라노 황수미(14년)가 우승했고, 작곡 부문에서는 조은화(09년), 전민재(10년)가 우승을 차지했다.

피아노 부문은 만 18세부터 만 30세까지 참가할 수 있다. 참가 신청 서류는 다른 국제 콩쿠르와 비슷하다. 참가 신청자가 제출한 연주 영상으로 예선을 실시하며, 공개 라운드는 라운드 1, 세미파이널, 파이널 순서로 진행된다. 라운드 1에 초대되는 연주자의 수는 정해져 있지 않다. 세미파이널에는 24명, 파이널에는 12명이 진출한다. 파이널에선 6명의 수상자를 선정한다. 참가비는 100유로다.

피아노 부문 1위는 2만 5000유로, 2위는 2만 유로, 3위는 1만 7000유로로, 4위는 1만 2500유로로, 5위는 1만 유로, 6위는 8000유로를 받는다. 바이올린 부문 수상자는 일본음악협회 후원으로 스트라디바리우스 '허긴스' 바이올린을 4년간 임대 받아 사용할 수 있다. 6위 이내에 들지 못한 파이널 진출자들은 각각 4000유로를 받는다. 파이널에 진출하지 못한 세미파이널 진출자들은 1000유로를 받는다.

YEOL-EUM
cantata

페이스북 속에서 만난 'Yeol Eum Son'은 딴 세상 사람이었다. 오늘은 비엔나, 내일은 크로아티아……. 밤마다 드레스 차림으로 피아노를 연주하고, 마에스트로가 손등에 키스하며, 최연소로 국제 콩쿠르를 석권한 피아노의 천재. 음악밖에 모르는 고고하고 예민한 예술가를 떠올렸다.

1950년대 호텔을 본뜬 서울 신사동의 스튜디오로 그녀가 걸어 들어왔다. 연주 여행이 일상인 그녀에게 호텔은 집보다 익숙한 공간이다. 손에는 책 한 권이 들려 있었다. 《어제의 세계》. 오스트리아 시인 슈테판 츠바이크의 회고록이었다. 손열음은 책의 배경인 20세기 초기의 음악들로 채운 두 번째 국내 리사이틀을 앞두고 있었다.

마주 앉자마자 클래식 문외한이라고 자백부터 했다. 평생 공연장이라고는 5번이나 갔을까 싶다는 말에 그녀는 "그렇게나 많이요?" 하며 눈을 동그랗게 떴다. 요즘 누가 클래식 공연을 보느냐며 손을 휘젓기까지 했다. 예고한 대로 내 물음은 무지와 오해와 편견의 연속이었다. '젊은 거장'은 놀랄 만치 겸손했지만 단단한 내면이 발하는 오라Aura는 쉬이 감춰지지 않았다. 이렇게 오랜 시간의 인터뷰는 처음이라던 손열음에겐 즐기는 자의 여유가 묻어났다. 긴장한 쪽은 오히려 나였다. 심호흡을 하고 그녀가 사는 '어제의 세계'를 노크했다.

Photograph by Kim Ji-ho

이번 독주회 타이틀이 '모던 타임즈'예요. 어떤 곡들을 연주하나요? 1910년부터 1920년까지 딱 10년간의 음악들이에요. 제가 역사를 좋아하는데, 20세기 초반에 대한 막연한 동경이 있었어요. 지금으로부터 딱 100년 전이라 그 시대를 반추하는 게 나름의 의미가 있다고 생각했어요.

음악적으로 그 시기가 어떤 의미죠? 전 이번 공연에서 연주하는 라벨, 스트라빈스키, 거슈윈이 클래식 역사에서 최초로 '코스모폴리탄' 했던 사람들이라 생각해요. 이전에는 각자의 위치에서 세계가 돌아갔는데 1차 대전이 벌어지면서 세계가 확 열리기 시작한 거죠. 각국의 언어와 문화가 섞여서 고유한 세계인의 문화가 시작됐는데, 방금 얘기한 사람들이 대표적이에요. 스트라빈스키는 러시아 사람인데 파리에 살다가 나중에는 미국에 가서 살았고, 거슈윈은 클래식 음악의 범주에서 벗어나 재즈라는 독립적인 장르를 구축했죠. 프랑스인인 라벨도 미국 여행을 자주 다녔어요. 1차 대전에도 참전했고. 운전병으로 있다가 반년 넘어 전역했는데 그때 느낀 전쟁의 참상이 후기 라벨을 구성했죠. 라벨의 음악은 참전 전과 후가 완전히 갈리거든요.

레퍼토리를 정하면 작곡가나 시대 배경에 대해 공부를 많이 하나요? 사람마다 달라요. 악보만 보면서 공부하시는 분도 있고, 자기가 느끼는 감정에 충실하신 분도 있어요. 제 경우엔 작곡가에 대해서 학술적인 자료를 많이 찾는 편이에요. 그러면 확실히 그 세계에 근접할 수 있어요.

어릴 때부터 역사를 좋아했다고 들었는데 뭐가 그렇게 재밌었어요? 저는 사람 사는 얘기의 관점에서 역사를 좋아해요. 거시적인 정치사를 좋아하는 건 아니에요. 옛날 사람들이 어떤 식으로 살았을까 하는 문제에 관심이 많았어요. 다른 사람들과는 좀 다르게 역사를 받아들여요.

특별히 좋아하는 작곡가가 있다면? 아주 어릴 때부터 지금까지 모차르트를 가장 좋아했어요. 그건 변하지 않아요. 그밖에 좋아하는 이들을 꼽자면 슈베르트, 슈만, 스트라빈스키, 라벨 정도.

모차르트를 제일 좋아하는 이유는요? 다의적인 해석이 가능한 음악이라서 좋아요. 모차르트 음악은 아이러니한 예술이라고 생각해요. 단순하게 설명하자면 음악은 기쁜데 슬픈 감정이 있고, 슬픈 음악인데 기쁜 감정이 느껴지고. 저는 사실 이게 예술의 끝이라고 보거든요. 열려 있는 해석이 가능한 거요.

모차르트란 사람도 아이러니한 면이 있었나요? 그런 면도 없지 않죠. 예를 들면 사생활은 방탕했다고 알려지는데 엄청난 워커홀릭이었고, 귀족들에게 고용되어 작품을 썼던 사람인데 정신은 자유로웠던 것 같아요. 그런데 모차르트를 좋아하는 또 하나의 이유는 완벽미 때문이에요. 베토벤도 정말 좋아하지만 그의 음악엔 노력이 보이고, 인간으로서의 성취가 느껴지거든요. 모차르트는 그런 게 없고 천의무봉의 솜씨예요. 하늘에서 내려온 것 같은 느낌.

좋아하는 피아니스트는 커 가면서 좀 변했을 것 같아요. 어렸을 때는 호로비츠를 아주 좋아했어요. 10대 후반, 대학교 다닐 때는 루빈스타인을 좋아했고요. 그분들은 어떻게 보면 대중적인 피아니스트죠. 요즘은 알렉시스 바이센베르크나 릴리 크라우스처럼 좀 더 내밀하고 개인적인 색깔이 강한 분들을 좋아하게 됐어요.

손열음은 바이센베르크 역시 아이러니한 피아니스트라고 표현했다. 불같은가 하면 차갑고, 차가운가 하면 불같은 느낌. 릴리 크라우스는 음 하나하나를 마치 말하는 것처럼 연주한다고 했다.

그럼 그 두 분이 피아니스트로서의 롤 모델인가요? 그건

72

아닌 것 같아요. 그분들은 음악 애호가로서 좋아하는 거고, 제가 꿈꾸는 건 사실 조금 달라요. 누구를 닮고 싶다는 생각보다는 제 길을 찾아야겠다는 생각이 들어요.

그 길이 대중적인 피아니스트는 아닌가요? 아마도요. 아무리 음악가로서의 저와 음악 애호가로서의 제가 다르다 해도 기호가 상충되기는 힘들잖아요? 제가 이제는 그런 스타일의 음악가를 동경하지 않기 때문에 아마 그렇겠죠.

어떤 연주자를 보고 너무 잘한다 싶어서 따라잡고 싶었던 적은 없어요? 내가 여기 있으니까 저 위에 있는 사람을 따라잡겠다는 건 수직적인 개념이잖아요. 그런데 사실 음악은 수평적인 개념이에요. 나는 이 스타일로 하고 저 사람은 저 스타일로 하는 거라서 그걸 따라잡거나 따라 하고 싶다거나 그런 마음은 안 드는 것 같아요.

난 음악을 순위가 극명히 갈리는 스포츠처럼 접근하고 있었다. 손열음에게 자주 붙는 '건반 위의 김연아'라는 수식어처럼 연주자도 트리플 악셀을 연마하듯 테크닉을 갈고 닦는 건 줄만 알았다. 우린 다시 예술로 돌아갔다.

예술가들은 고집이 셀 것 같은 느낌이 있는데. 전혀요. 전 살면서 고집을 부려 본 적이 없어요.

감수성은 예민한 편이었나요? 네. 그런데 그걸 좀 누르고 있었죠. 한국 사회가 감정을 자유롭게 표출하는 사회가 아니다 보니까 티를 잘 안 냈어요. 전 감정적인 사람이지만 판단은 감정적으로 하지 않으려고 해요. 그걸 되게 싫어하거든요. 이성적인 사고를 굉장히 중요하게 생각해요.

어릴 땐 낯을 많이 가렸다는데, 지금은 전혀 안 그래 보여요. 서너 살까지는 낯선 사람만 보면 울고 그랬대요. 지금도 사실 낯은 엄청 가려요. 그런데 연주자라는 직업이 아무래도 사람 앞에 나서는 일이 많다 보니까 사회화가 어느 정도 진행된 거죠. 개인적으로 사람을 두려워하거나 싫어하지는 않아요.

네 살 때 엄마 손에 이끌려 동네 피아노 학원에 처음 갔다고 들었어요. 피아노가 재밌어 보였나요? 전 세 살 때도 이미 미술 학원에 다녔어요. 그런 개념이었죠. 그리고 그때 사실 주위에 피아노 학원을 안 다니는 친구가 없었어요. 안 다니셨어요?

다녔다. 여섯 살 때부터 6년이나 다녔지만 지금은 간단한 미뉴에트도 한 곡 못 친다. 조기 교육의 세뇌가 피아노에게만은 먹히지 않는 듯하다.

피아노를 어느 정도 쳤을 때 내가 좀 잘한다 싶었어요? 사실은 굉장히 늦게 그런 생각을 가졌어요. 솔직히 전혀 모르고 있다가, 대학교에 갔는데 제가 남들에 비해 악보를 빨리 본다는 걸 알았어요.

대학교에 가서야? 그 전에는 주위에 음악 하는 친구들이 없어서 잘 몰랐어요. 중학교도 일반 중학교를 나왔고, 중학교 졸업하고 바로 대학교에 갔으니까요. 다른 친구들이 연습할 때 어떻게 하는지 몰랐죠. 대학에 와서 악보를 보는데, 동기 언니가 저한테 "너 지금 처음 치는 거야?" 물어보더라고요. 그래서 "왜요, 이상해요?"라고 답했던 게 기억나요. 사람들이 제가 비정상적으로 악보를 빨리 보는 거라고 해서 그때 처음 알았어요. 그런데 그것도 악보를 빨리 본다는 거지 잘 친다는 얘기는 아니니까. 눈이 크다고 예쁘다는 건 아니잖아요. 악보는 잘 보지만 피아노를 잘 친다는 생각은 거의 안 했던 것 같아요.

어릴 때부터 신동이라는 소리를 많이 듣지 않았나요? 저 그런 애 아니었어요. 어릴 때 콩쿠르에 나가면 매번 떨어

져서 전 제가 진짜 못하는 줄 알았어요. 또 원주에 살다 보니까 주위에 피아노를 진지하게 치는 친구도 없었고요.

그래도 열두 살에 차이콥스키 청소년 콩쿠르에 나가서 2등을 했는데. 너무 기대가 없으면 결과가 좋아도 감각이 없는 거 있잖아요. 저는 뭔지도 모르고 나갔어요. 1차를 통과했다고 해서 그것도 이상했는데, 상을 탔다고 하니까 정말 아무런 생각도, 개념도 없었어요.

보통 사람들은 바이엘에서 체르니 50번까지 떼는데 5~6년 걸리는데, 열음 씨는 남들보다 빨랐겠죠? 체르니 40, 50은 초등학교 1학년 때 친 것 같아요. 근데 저는 그때 이미 서울로 피아노를 배우러 다녔어요. 체르니를 진지하게 치지는 않았어요. 다른 연습곡들을 배웠죠.

원주에서 서울로 레슨 다닐 때 서울에 살고 싶다는 생각은 안 했어요? 초등학교 저학년 때는 막연히 서울 사람이 되고 싶기도 했죠. 난 시골 사람이니까. 그런데 서울 살면서 음악 하는 애들 보면 되게 불쌍해 보였어요. 엄마한테 엄청 치이고, 엄마들도 무섭고. 연습도 진짜 많이 하고.

피아노를 처음 칠 때부터 커서 피아니스트가 될 거라고 생각했나요? 안 했던 것 같아요. 그때는 제가 정말 못하는 줄 알았으니까요. 어릴 때 피아노를 좋아서 하는 애가 몇 명이나 될까도 싶고. 중학교 때 음악이 엄청 좋아지면서 빠져 살게 됐죠. 초등학교 때 피아노와의 기억은 굉장히 안 좋아요. 대회 나가서도 매번 떨어지고, 연습도 하기 싫고.

여섯 살 때 동네 예식장에서 첫 독주회를 했는데, 피아노 배운 지 1년 만에 독주회를 하는 게 흔한 일은 아니잖아요. 그때 기분이 기억나요? 그럼요. 소도시니까 가능하지 않았을까 싶어요. 사람들 반응은 잘 생각이 안 나는데, 제가 무대에 있어서 기분이 좋다는 생각은 했어요. 되게 신

났다는 느낌은 아직도 기억나요.

그때도 피아니스트가 되고 싶다는 생각은 없었어요? 네. 제가 야심 있는 스타일이 아니라서.

승부욕은 강한 편인가요? 제가 경쟁심이 별로 없어요. 어릴 때부터 남들이 뭘 잘하는 걸 좋아했어요. 어느 날 제가 반에서 2등을 해서 되게 좋아하고 있는데 엄마가 물었던 기억이 나요. "너 1등 못한 거 아쉽지 않니?" 그래서 "왜? 1등 한 애 되게 잘하는 애야"라고 말했죠. 인정을 잘하고 남 잘되는 게 좋아요. 지금도 그래요.

야심도 없고, 고집도 없고, 경쟁심도 없는데 어떻게 최고가 될 수 있었을까. 아무래도 못 미더웠다.

콩쿠르에서 2등을 하면 굉장히 아쉽지 않아요? 마지막에 제가 2등을 두 번 했는데(반 클라이번, 차이콥스키 콩쿠르) 그때는 좀 아쉽긴 했어요. 근데 승부욕이 있는 사람은 뭐가 달라요?

1등 할 때까지 계속 나가는 거죠. 그런 생각은 없었어요. 또 나가서 2등 하면 어떻게 해요. 안 나가는 게 낫죠. 경쟁심을 떠나서 피아노를 되게 잘 치고는 싶은데, 뭘 어떻게 잘해야 하는지 잘 모르겠어요. 스포츠처럼 진짜 잘하는 사람이 1등 하는 게 아니니까. 그렇기 때문에 어떤 면에서 경쟁심을 가져야 하는지 잘 모르겠어요.

예술에 등수를 매길 수는 없다지만 우리나라에서 클래식 콩쿠르는 올림픽에 비견된다. 사람들이 2위와 1위를 기억하는 방식도 천양지차다.

그때 왜 1등을 못했다고 생각해요? 솔직히 아쉽지만 그 이유를 제가 생각하고 싶지는 않아요. 예를 들어 내가 이

것 때문에 1등을 못했다고 생각한다면 지는 것 같고. 이미 내려진 결정이잖아요. 내 음악을 더 좋아했던 사람들도 있었겠지만 제가 평가할 입장은 아닌 것 같아요.

차이콥스키 콩쿠르에선 러시아 피아니스트가 우승을 했어요. 아무래도 본토 텃세가 있나요? 제가 14회 대회에 나갔는데, 원래 그 콩쿠르는 1958년부터 현재까지 러시아 사람이 우승자가 아니었던 적이 딱 세 번밖에 없어요. 1회 때 미국, 중간에 아일랜드와 일본이 한 번. 그것 말고는 다 러시아 사람이 1위를 했죠.

떨려서 신경 안정제를 드셨다고. 맞아요. 긴장을 많이 안 하는 편인데 그때 처음이자 마지막으로 먹었던 것 같아요. 반 클라이번 콩쿠르 때 많이 떨어서 혹시 또 그럴까 봐.

어떤 연주자들은 콩쿠르 한 번 할 때마다 수명이 줄어드는 것 같다고 하던데. 저 같은 경우엔 콩쿠르보다 연주하면서 수명이 줄어드는 느낌이 들 때가 있어요.

어떤 때요? 떨릴 때요. 평소에 안 떨다 보니깐 대비책이 없는 편이에요. 어느 순간 확 떨리는데 이유는 모르겠고, 한 번 그게 오면 어떻게 해야 할지 모르겠어요. 그땐 진짜 내가 이 짓을 해야 하나? 살기 싫다는 느낌도 들곤 해요.

당시 결선 무대는 만족스러웠어요? 그렇지 않았어요. 원래 제 연주에 만족하는 편이 아니에요. 실수가 있었던 건 아닌데, 하여튼 좀 아쉬웠어요.

콩쿠르 심사는 어떻게 하나요? 기술 점수, 예술 점수가 따로 있나요? 아뇨. 그러면 좋겠지만 정말 주관적이죠.

최근 쇼팽 콩쿠르에서 우승한 조성진 씨가 한 심사위원에게 최저점인 1점을 받아서 인종 차별 논란이 있었는데. 그

런 게 있긴 있겠죠. 저 같은 경우에는 점수가 공개되는 콩쿠르에 나가 본 적이 없어요. 쇼팽 콩쿠르도 지난번부터 바뀐 걸로 알아요.

콩쿠르 참가자 중에 아시아인이 많은가요? 요즘은 그런 편이에요. 사실상 제가 콩쿠르에 나갔을 때부터 그런 흐름이 시작됐어요. 그 전에는 러시아, 일본, 중국 사람이 많았는데 이젠 한국 사람이 제일 많죠.

제일 많은 정도예요? 거의요. 한국 사람이 1등 아니면 2등. 국가 대표가 세계 대표인 수준이죠. 그런데 몇 악기만 그래요. 피아노, 바이올린, 성악. 이 세 개는 확실히 그런데 나머지는 아니에요.

차이콥스키에서 준우승하셨을 때 3위가 조성진 씨였죠? 네, 친한 사이예요. 제가 아주 어렸을 적부터 봤고. 나이 차이가 좀 있어서 제가 대학을 졸업한 뒤에도 그 친구는 아직 어렸어요. 처음에는 제 팬이라고 사진 찍으러 와서 알게 됐는데, 자기 연주회에도 초청해 주고, 제가 보러 가고, 저에게 조언도 구하고 하면서 친해졌죠. 차이콥스키에 같이 나가면서 더 친해졌어요.

누나, 누나 하면서 살갑게 구는 스타일인가요? 그런 스타일은 아니고 되게 내향적인 스타일이에요. 사람 자체가.

조성진 씨가 이번 쇼팽 콩쿠르에서 우승하면서 사람들의 폭발적인 반응이 있었어요. 어떻게 보세요? 클래식 시장의 파이를 확 넓힌 것 같아서 너무 좋아요. 또 제일 권위 있는 콩쿠르 중 하나에서 1등을 했으니까 이제 더 이상 사람들이 콩쿠르에 연연하지 않았으면 좋겠어요. 그 다음 단계로 진입했으면 좋겠는데, 성진이가 큰일을 했다고 봐요.

사실 콩쿠르가 좋아서 나가는 연주자는 드물다. 손열음도

독일 유학을 떠난 뒤 동양인 여자 피아니스트의 한계를 절감하고 반 클라이번 콩쿠르 출전을 결심했다. 연주자로 자리 잡기 위한 디딤돌이 절실했기 때문이다.

독일에 가서 처음 현실을 마주한 건가요? 네. 그 전에는 클래식 음악계가 어떻게 돌아가는지 전혀 몰랐어요. 한국에 있을 때는 콩쿠르 나가서 상 타면 연주회 들어오고, 그렇게 살면 되는 줄 알았어요. 나와서 보니 전혀 아니었죠. 클래식 산업계가 따로 있고, 세부 마케팅도 해야 하고. 그런데 저는 그 시스템을 모르니까 진입도 어렵고, 저를 불러 줄 곳이 아무 데도 없었죠. 그런 것들에 많이 놀랐어요.

클래식계에서 한국 음악가의 위상이 어느 정도예요? 한국 연주자들이 콩쿠르에서는 엄청 잘하잖아요. 그런데 실제 주류 음악 시장에 완전히 진입을 했냐고 묻는다면 저는 솔직히 아니라고 봐요. 예를 들면 예전에 정경화 선생님처럼 활약했던 그런 사람은 그 이후로 아직 안 나왔어요. 그런 면에서 약간 괴리가 있는 것 같아요. 실력만으로는 콩쿠르에서 인정받지만 클래식 시장에 진짜로 진입하기까지는 아직 시간이 필요한 것 같아요.

차이콥스키 콩쿠르 이후로 1년에 몇 번 정도 공연해요? 한 50회 하는 것 같은데…… 작년엔 20여 개국 정도 갔던 것 같아요.

스케줄은 언제까지 잡혀 있어요? 2017년 중반 정도까지 있어요. 계속 더 잡힐 것 같아요.

안 가 본 나라가 거의 없겠어요. 아프리카요. 그쪽은 아직 수요가 많이 없어서.

비행기, 호텔 예약을 다 직접 하신다고요. 초청하는 쪽에서 잡아 주는 건 줄 알았어요. 그렇게 하는 경우도 있고 반반이에요. 예를 들어 500유로를 지급할 테니 항공권을 구입하라는 경우도 있고, 나중에 청구하라는 경우도 있죠.

항공편은 보통 1등석으로? 1등석으로 초청받은 적은 없어요. 비즈니스 반, 이코노미 반.

이코노미로 부르는 경우도 있어요? 그럼요, 많죠. 이게 진짜 잘못 알려진 것 같아요. 마에스트로들은 지휘만 하는 게 아니니까 다를 수 있겠지만 저 같은 경우는 일개 프리랜서잖아요. 저한테 그렇게 많은 돈을 주지 않아요.

1년에 40~50회 공연을 하면 연간 수입이 억대는 되나요? 제가 세금을 되게 많이 내거든요. 절세가 안 돼서. 그래서 억대까지는 못 벌어요.

세계 톱클래스 연주자 같은 경우에는 연주료를 얼마나 받아요? 제가 알기로는 제일 비싼 연주자들, 예를 들어 랑랑 같은 사람은 연주가 너무 많고 종류가 들쑥날쑥해서 잘 모르겠어요. 유럽에서 거의 비슷한 포맷의 연주회를 갖는 저명한 사람 중에는 크리스티안 치메르만이 몇 년 전까지 가장 비싸다고 들었어요. 그분이 2~3만 유로? 그리고 바이올리니스트 중에 전 세계에서 가장 주가가 높은 안네 소피 무터가 3~4만 유로라고 들었어요. 그런데 유럽은 연주료가 많이 안 높아요. 티켓 값이 싸서. 만약에 안네 소피 무터가 내한 공연을 하는데 5천만 원을 달라고 하면 아마 받을 수도 있을 거예요.

열음 씨도 한국에서 연주료를 더 많이 받아요? 네. 한국 티켓 값이 더 비싸니까요.

유럽은 티켓 값이 얼마나 해요? 베를린 필 같은 경우에는 정기 연주회 때 제일 비싼 게 150유로? 확실하지는 않지만 제 기억에 그래요. 학생은 7유로로 들어갈 수 있고요.

클래식이 레슨비도 비싸고 여러모로 돈이 많이 드는데, 연주자들의 평균 수입을 생각하면 투자 대비 효율이 썩……. 저도 그렇게 생각해요. 업계별로 수입이 가장 높은 사람들을 비교해 보면 클래식 음악가들은 정말 낮을 것 같아요.

그런데 왜 그렇게 클래식을 가르치려는 부모들이 많을까요? 요즘은 덜 시키는 것 같아요. 그걸 아셨는지. 하하. 제가 자랄 때에 비하면 훨씬 적어요.

연주를 혼자 다니는데 지루하지는 않아요? 혼자 다니는 건 좋은데 가끔 그럴 때가 있죠. 외로운 것까지는 아닌데, 규칙적인 생활이 없잖아요. 그런 것에 대한 향수가 있어요. 내가 주도적으로 살고 싶은데, 클래식 시장에서 음악가는 아직 부르면 가야 하는 입장이니까.

연주 여행을 가면 관광도 해요? 연주하러 가면 호텔방 밖으로 안 나가요. 혼자 가만히 있어야 집중이 되거든요. 일부러 힘 빼기 싫기도 하고. 관광은 휴가를 내서 따로 가죠.

휴가는 어디로? 알게로라고 이탈리아 사르데냐 섬에 있는 도시인데 정말 평화로워요. 이탈리아 사람들이 휴양 가는 도시인데 거길 좋아해서 휴가로 가요. 예루살렘이나 아테네도 좋아해요. 일하러 가면 혼자니까, 여행은 가족이나 친구들이랑 꼭 같이 가요.

독일에 처음 가셨을 때는 독일어를 좀 배우고 간 건가요? 아니요, 지금도 잘 못해요. 그래서 전 아직 그 사회에 편입한 적이 없다고 생각해요. 스케줄 때문에 사실 2주 이상 있어 본 적이 없어요. 그래서 10년이 됐지만 살았다고 하기엔 무리가 있어요. 현지인들과 독일어로 대화를 하는 것도 아니고, 유학생들과는 영어를 쓰고 있으니까요.

영어 공부는 어떻게 했어요? 대학교 다닐 때는 〈프렌즈〉나 〈섹스 앤 더 시티〉 같은 미드를 많이 봤어요. 거기 나오는 말들이 어렵지 않잖아요. 그런 거 좋아하면서 자연스럽게 익히게 됐어요. 자막 껐다 켰다 하면서. 사실 영어 학원도 매달 신청했는데, 한 달 끊으면 이틀 가고 안 가고 그랬죠. 제가 정말 게을러요. 영어 학원의 '기부 천사'였어요.

지금 살고 있는 하노버에서의 일상은 어때요? 일단 진짜 늦게 일어나고, 밥은 제가 거의 다 해 먹어요.

요리가 취미예요? 원래는 매끼를 사 먹었어요. 그런데 독일이 사실 음식이 그렇게 맛있지는 않은 나라잖아요. 그러다 보니까 어차피 똑같이 맛없을 거라면 건강하게라도 먹자 하는 생각으로. 하하. 그래서 한 1~2년 전부터 시작하게 됐어요. 잘은 못하지만 좋아해요.

주로 뭘 만들어 먹어요? 한식도 가끔 하는데 너무 오래 걸리고 재료도 구하기 힘들어서 주로 이태리, 프랑스 음식을 하는 편이에요. 파스타나 오븐 쓰는 음식들, 그라탱 종류를 많이 해요.

놀 땐 뭐하고 놀아요? 시내에 나가서 쇼핑도 하고, 또 집이 바로 학교 앞인데 캠퍼스 뒤가 진짜 큰 숲이에요. 날씨 좋으면 그 숲에서 산책하는 걸 좋아해요.

지금 독일에서 사사하고 계신 아리에 바르디 선생님은 나이가 꽤 있으시죠? 네, 37년생이신데 정말 정정하세요. 여행도 많이 다니시고.

김대진 선생님과 스타일을 비교하자면 어때요? 지금은 김대진 선생님이 지휘를 하고 계시지만 절 가르칠 당시엔 활발하게 활동하는 피아니스트였죠. 바르디 선생님은 연주를 많이 안 하세요. 음악에 대한 토론을 많이 하시죠. 김대진 선생님께는 피아니스트로서 어떻게 연주할 것인가를

많이 배웠고, 바르디 선생님께는 내가 지금 무엇을 하느냐에 대해서 배우고 있어요. 그런 면이 다른 것 같아요.

하노버 국립음대와 한예종의 분위기도 많이 다르겠죠? 한예종은 학부 위주고 여기는 대학원 위주라 연령대가 많이 달라요. 한예종은 사실, 경쟁이 심해요. 애들이 미쳐 있어요. 튀고 싶어 해요. 자신이 정상인 것 같으면 불안해해요. 독일은 나이대가 조금 있다 보니까 훨씬 여유롭죠.

한예종은 서로 못 잡아먹어서 안달인가요? 맞아요. 그런데 제가 그렇게까지 이기고 싶다고 생각한 사람은 없었어요. 좀 웃긴 얘기지만 거기서 제가 제일 잘 했으니까. 하하.

열일곱에 대학을 갔는데, 캠퍼스 생활이 좀 달랐을 것 같아요. 남들과 똑같이 했어요. 술도 엄청 많이 마시고. 일찍 입학한 영재들이 저뿐만 아니라 많았으니끼 다 같이 일찍 배웠죠. 맥주, 소맥.

술 좋아해요? 있으면 먹고 없으면 안 먹는데, 와인을 좋아해요.

제일 좋아하는 와인은? 돈만 있다면야, 하하, 이태리 와인 중에서 사르데냐 와인을 좋아해요. 한국에는 거의 없고 유럽에서도 굉장히 소량이죠.

주량은 어느 정도예요? 와인은 죽자고 마셔 본 적이 없어서 잘 모르겠고…… 소맥은 잘 마실 수 있어요.

소맥이라니. 클래식 음악 하는 사람들은 소주는 쳐다보지도 않을 줄 알았다.

클래식 연주자들은 까칠한 이미지가 있잖아요. 공연 전에는 물도 한 모금 안 마실 것 같은. 전 그런 건 아닌데 말은

최대한 안 하려고 해요. 남이 말하는 것도 듣기 싫고. 무소음의 시간을 갖고 무대에 들어가는 걸 좋아하는데 대기실에 사람들이 자꾸 들어와서 잘 안돼요.

중간에 카메라 플래시 한 번 터지는 것도 연주에 영향을 미쳐요? 그렇죠. 소리에 관련된 것이다 보니까. 음악회 특성상 내가 내는 소리만 소리가 아니잖아요. 모든 소리가 합쳐져서 하나의 음향을 만들어 내는 건데 갑자기 예상치 못한 소리가 끼어들면 곤란할 때가 있죠.

연주 중엔 정말 무아지경으로 몰입하게 되나요? 그러면 제일 좋죠. 드라마 같은 데서 보면 유체 이탈해서 내가 위에서 나를 내려다보는 장면 있잖아요? 제가 되게 좋아하는 순간이 그런 식으로 내가 나를 조종하고 있다는 느낌이 들 때거든요. 스스로 몸을 움직이는 건 고행인데, 그 순간엔 육체가 완전히 자유로운 느낌인 거죠.

그렇게 연주를 하는 중에도 관객들이 보여요? 그렇죠. 그게 진짜 표현하기 힘든 것 같아요. 사실 전 그게 진짜인지, 제가 만들어 낸 허상인지 모르겠어요. 어쩌면 스스로에게 만족하는 연주를 했을 땐 사람들도 내 연주를 좋아하고 있다고 최면을 거는 건지도 모르죠. 어쨌든 느껴지긴 해요.

흔히 말하는 '마법 같은 순간'은 어떤 순간인가요? 혼연일체죠. 숨소리나 침 삼키는 소리조차 못 낼 것 같은 순간. 정말 모든 사람이 한 소리에 완전히 몰입되는 순간.

연주를 하다가 눈물이 난 적도 있나요? 많죠. 그 음악이 너무 좋아서요.

연주할 때 한 음이라도 틀리면 몰입이 깨지나요? 그런 분들도 많은데 전 아니에요. 거장들도 실수 많이 해요. 예전엔 실수가 부수적인 것에 불과했는데 요즘은 연주자도 관

객도 실수에 굉장히 민감해요. 리뷰에서도 얼마나 틀렸는지를 많이 지적하죠. 이유를 모르겠는데 요새 흐름이에요.

한국 사람들 특성인 것 같기도 해요. '얼마나 잘하나 보자' 하는. 정말 한국에서만 그런 것 같기도 해요. 외국에서는 별로 신경 안 쓰거든요.

연주 영상을 보면 입으로 뭔가를 말하면서 연주하는 것 같던데. 계이름을 외는 거예요. 도레미파. 사실 2011년 차이콥스키 콩쿠르 때 생긴 버릇이에요. 그게 왜 좋은가 하면 몸에 여러 기관이 있잖아요. 생각하는 머리와 움직이는 손, 보는 눈. 이 모든 기관이 하나가 되는 게 참 힘들어요. 들으면서 치면서 생각하는 게 잘 안 되거든요. 그럴 때 입으로 계이름을 읊으면 근육이 하나 더 돕고 있기 때문에 집중이 잘 되더라고요. 제가 만든 트릭 같은 거죠.

연주할 때 표정이 굉장히 풍부해요. 사람들이 그걸 표정이라고 생각하는데, 절반 정도는 표정이지만 나머지 반은 근육이 움직이는 거예요. 운동할 때 얼굴이 가만히 있지 않잖아요. 제가 볼 때 그건 표정이 아닌 거죠.

몇 시간 동안 연주하고 나면 체력적 굉장히 힘들 것 같은데, 호텔방에 와서 바로 쓰러지나요? 몸은 정말 힘든데, 정신이 확 깨어 있는 상태라서 연주한 날엔 잠이 잘 안 와요.

오케스트라도 협연 후 뒤풀이를 하나요? 다들 하는데 제가 그걸 싫어해요. 부르면 가긴 가는데, 연주 끝나고는 호텔에 와서 그날 연주를 돌이켜보고 혼자 있는 게 좋아요.

협연할 때는 리허설 때 처음 맞춰 보는 건가요? 그런 경우가 가장 많죠.

많은 거장들이랑 협연을 하셨어요. 가장 기억에 남는 지휘자가 있다면? 많은 분들이 기억이 나는데, 최근 몇 년 동안 발레리 게르기예프라는 지휘자와 연주를 많이 했어요. 그분을 음악적으로도 좋아해서 많이 했죠.

언제 한번 꼭 호흡을 맞춰 봤으면 하는 음악가는? 지휘자 중에 딱 한 명 있어요. 블라디미르 유로프스키라고 지금 런던 필하모닉 지휘자예요. 어쩌다 유튜브에서 영상을 봤는데 진짜 멋있었어요.

훌륭한 연주자는 결국 작곡가의 의도를 잘 표현해 내는 사람인가요? 그렇게 생각하시는 분들도 있고, 연주자의 기량을 뽐내는 게 좋다는 분도 있겠죠. 저는 둘을 절충해야 한다고 생각해요.

피아니스트마다 색깔이 다 다르다고 하는데, 악보 그대로 연주하면서 어떻게 다양한 해석이 가능한가요? 예를 들어 어떤 글을 낭독한다고 했을 때 같은 텍스트를 가지고 사람마다 다 다른 목소리로 읽잖아요. 자신에게 가장 편한 발음으로 디테일은 조금씩 바꾸면서요. 그런 게 아닐까요? 물론 감정을 담아서 어디를 세게 치고, 약하게 치고 하는 것 등이 가장 기본이 되겠죠. 그걸 넘어서 이 곡이 무엇을 의미하는지 파악할 수 있게 도와주는 게 좋은 연주라고 생각하는데, 설명하기가 굉장히 힘든 것 같아요.

그럼 피아노 소리만 듣고도 누가 치는지 맞힐 수 있나요? 네. 저는 그거 알아맞히는 걸 좋아해요.

연주에서 치는 사람의 감정이 느껴지나요? 감정은 모르겠지만 그 사람이 어떤 사람인지는 확실히 알 수 있죠. 성격이랑 진짜 똑같아요. 계산적인 애들은 계산적으로, 즉흥적인 애들은 즉흥적으로, 생각 없는 애들은 생각 없이 쳐요.

본인의 연주는 어떤 편인가요? 김대진 선생님께서는 제가

개성이 너무 강하다고 하셨는데 저는 솔직히 더 그랬으면 좋겠어요.

클래식을 다뤘던 드라마 〈밀회〉에서는 "손열음이 대단한 건 뜨거운 걸 냉정하게 읽어 내셔야"라는 대사가 나와요. 연주하는 걸 보면 굉장히 뜨거운 연주자처럼 보이는데요. 그건 좀 다른 얘기를 하신 것 같아요. 열정적으로 표현해야 하는 부분이 있다면 열정만 가지고 표현하는 건 효과가 없다고 봐요. 내가 흥분하는 게 아니라 남을 흥분시켜야 하니까. 그러자면 냉정하게 접근할 필요가 있죠. 그런 이성적인 면을 말씀하신 거라고 생각해요.

피아노 천재로 나오는 주인공 선재(유아인)가 유튜브를 보고 피아노를 독학하던데 실제로 그게 가능한가요? 절대 불가능하다고 생각해요. 사실 세상이 변해서 예전처럼 기초가 중요한 시대는 아니에요. 몇 년 전까지는 프렌치 스쿨, 러시안 스쿨 등으로 나뉘어서 기본 테크닉과 방법론이 중요시됐는데, 이제는 발로 쳐도 잘만 치면 되는 시대가 됐어요. 전 그건 아닌 것 같아요, 건강하게 오래 치기 힘들죠. 극 중에서는 주인공이 짧은 시간 연습해서 잘하게 됐는데 절대 오래갈 수는 없다고 봐요.

'천재는 스스로의 집념, 부모의 희생, 훌륭한 스승, 헌신적인 추종자의 결과물'이라고 손열음은 자신의 저서에 썼다. 그 역시 이 모든 재료로 '만들어진' 천재였다.
두 번째 인터뷰는 원주 자택에서 이루어졌다. 서울에서 출발해 두 시간여를 달리는 차 안에서, 고사리손에 악보를 쥐고 이 길을 수천 번 왕복했을 소녀를 떠올렸다.
세계적인 피아니스트의 집에는 어떤 피아노가 있을까. 스타인웨이? 아니면 벡스타인이나 뵈젠도르퍼? 부푼 마음으로 초인종을 눌렀다. 드레스 대신 맨투맨 티셔츠를 입은 손열음이 맨얼굴로 반겼다. 방에는 어릴 때부터 쳤다는 영창 그랜드 피아노가 있었다.

콘서트홀에 있는 커다란 피아노가 있을 줄 알았어요. 그런데 조금 의외네요. 제 또래 대부분이 그런 피아노를 갖고 있지 않아요. 연습하는 데 큰 상관이 없거든요. 또 어딜 갈 때마다 피아노를 들고 다닐 수도 없으니까 연습용은 아무거나 써요.

연습은 주로 어디서 하세요? 독일에 있을 때는 보통 집에서 하는데, 그 피아노가 이제 쓸 수 없는 지경이 돼서 연습을 못 하고 있어요. 한국에서는 원주에 있으면 집에서 조금 하고, 교회에 가서 할 때도 있고요. 서울에서는 연습할 데가 진짜 없어요.

하루라도 연습을 안 하면 몸이 굳거나 하진 않아요? 저는 그런 스타일은 아니에요. 그런 사람도 물론 있는데 특히 현악기, 관악기를 하는 분들 중에 많죠. 전 연습을 매일 하지는 않고, 한 번에 좀 몰아서 하는 편이에요.

몰아서 하면 어느 정도? 상황에 따라 달라요. 예를 들어 내일 연주를 해야 하는데 못 치면 7~8시간 내리 할 수도 있는 거고. 그런데 이제 습관을 바꿔 보려고요. 조금씩 꾸준히 해야죠.

지금 독일 집에 있는 피아노는 금호아시아나그룹의 고故 박성용 회장님께서 주셨다고 들었어요. 회장님께서 저한테 피아노를 꼭 사 주고 싶어 하셨어요. 제가 대학 다닐 때 서울 집에 피아노가 없었거든요. 주로 학교에 가서 연습을 했는데 그래도 집에 하나 있어야 하지 않겠느냐고 하셔서 처음엔 몇 번 고사를 했어요. 거듭 말씀을 하시기에 정 그렇다면 회장님 집무실에 있는 피아노를 달라고 말씀드렸죠. 어느 기업 창고에 방치돼 있던 걸 회장님께서 헐값에 사 오셔서 수리하셨는데 뵈젠도르퍼라는 좋은 피아노거든요. 그런데 그때도 이미 20년이 넘은 상태였어요. 가져와서 잘 쳤는데 지금은 수명이 거의 끝났어요.

피아노도 수명이 있어요? 오래될수록 비쌀 줄 알았는데. 피아노는 타악기라 소모품이에요. 어느 정도 치느냐에 따라 달라요. 만약 콘서트홀에서 일주일에 두세 번 연주되는 피아노라면 5~6년 뒤에 안 좋아져요. 잘 관리해도 10년? 전성기는 사고 나서 3~4년이죠.

방에 있는 영창피아노는 아직 괜찮나요? 그냥 편안하게 쓰는 정도죠. 93년도에 샀는데 한 번 개조에 가까운 수리를 했어요. 겉모양만 놔두고 안의 부품들을 다 갈았어요.

손열음은 예전 인터뷰에서 '한국에는 연주자밖에 없다'고 아쉬움을 토로한 적이 있다. 소비자도, 마케터도, 음악 언론도 없는 작은 내수 시장이라 연주자들이 자생하기엔 너무 어려운 환경이라는 것이다.

최근엔 그런 환경이 좀 바뀐 것 같나요? 그런 것 같긴 한데 더 좋아졌으면 해요. 소프트웨어만 있으니까. 예를 들면 개개인은 잘하는 데 뭉쳤을 때 잘하는 악단이 별로 없고, 그 개개인도 악기가 너무 편중되어 있어요. 피아노, 바이올린, 성악밖에 없고. 지휘자도 유명한 사람이 정말 한두 명 있을까 말까 하니까요. 좋은 공연장도 생각보다 많지 않아요. 이 모든 게 갖춰지려면 투자가 필요한 게 사실이지만 전 이제 클래식 음악도 후원 없이 자생할 수 있어야 한다고 생각해요. 언제까지 돈 많은 사람들이 대 주고, 그런 게 정말 싫어요. 많은 사람들이 좋아하고, 그만큼 가치가 있는 분야라는 걸 인정받아야 한다고 생각해요.

한국 피아니스트들이 국내에서 연주만 해서는 먹고살기 힘든가요? 제가 대학 다닐 때만 해도 그런 사례가 없었어요. 김대진 선생님처럼 교편을 잡은 상태에서 연주 활동을 하는 경우가 대부분이었는데, 요즘은 제 또래 중에도 유학 다녀와서 연주자로만 활동하면서 한국에서 자리 잡는 분들이 있더라고요. 물론 시간 강사를 조금씩 하지만 연주자

로 70퍼센트 이상 활동하는. 긍정적인 것 같아요. 전보다 무대는 많아진 것 같아요.

한국에서 공연하면 관객 나이대가 어떻게 돼요? 우리나라는 다른 나라와 비교하면 되게 젊은 편이에요. 관객이 가장 젊은 곳은 중국이고, 그 다음이 우리나라 아닐까 싶어요. 한국은 제가 체감하기로는 20~40대가 많은 것 같아요. 그래도 10년 전과 비교해 보면 중년층이 꽤 생기고 있어서 긍정적으로 생각해요. 저는 사실 클래식 음악이 제 또래 친구들이 엄청나게 경외심을 가질 만한 음악이 아니라고 보거든요. 연륜도 있고 여유도 있어야 즐길 수 있다고 생각해요. 중년 관객이 더 많아지면 좋겠어요.

중국은 관객이 얼마나 젊어요? 초등학교, 중학교 아이들이 단체로 많이 와요. 학교에서 정책적으로 보내는 것 같아요. 지금 중국에서 피아노 치는 사람들이 대한민국 인구보다 많아요. 7천만 명이 친대요. 피아노 산업이 엄청 호황이라고 하더라고요.

클래식이라는 게 몇백 년 전 음악인데 왜 오늘날에도 그 음악을 들어야 할까요? 저도 많이 생각하는 부분이에요. 이게 어떤 가치가 있는지. 그런데 아무리 생각해도 이렇게 많은 발전이 이뤄진 음악이 또 있나 싶어요. 예를 들면 국악은 그 자체로 좋은 것이지만 계속해서 형태가 변해 오지는 않았잖아요. 그런데 서양 음악은 200~300년 사이에 바흐에서 쇼스타코비치까지 말도 안 되게 진화했거든요. 클래식 음악은 다른 문화와 비교할 때 비약적으로 발전하면서 인간의 모든 사상과 세계관을 담아 왔기 때문에 고전이라고 불릴 만한 가치가 있는 게 아닌가 싶어요.

사진 촬영을 핑계로 딱 한 곡만 연주를 부탁했다. "연습 말고 진짜로 쳐요?" 하더니 눈을 반쯤 감고 금세 몰입했다. 방 안의 공기가 달라졌다. 정말이지 꿈결 같은 선율. 슈

만이 결혼 전날 클라라에게 바친 연가곡 중 제1곡 〈헌정 Widmung〉이었다. 특별한 날 사랑하는 사람에게 쳐 주고 싶은 곡이라고 했다.

매번 스케줄이 빡빡하게 잡혀 있는데 연애할 시간은 있어요? 네. 시간 없어서 연애 못하는 사람은 없는 것 같아요.

클래식 음악을 하는 사람을 선호하나요? 꼭 그런 건 아니지만 제가 음악 얘기 하는 걸 좋아하거든요. 그쪽에 너무 관심 없는 사람이라면 서로 힘들지 않을까요? 그리고 전 제 음악에 대해 발전적인 조언을 해 줄 수 있는 사람이 좋아요. 제 연주에 무조건 좋다, 좋다 해 주는 사람은 남자로서 전혀 매력을 못 느껴요.

혹평에 상처를 받을 수도 있는데. 상처는 전혀 안 받아요. 저는 스포츠 선수들이 패배한 경기를 분석하듯 제 연주를 모니터 해요. 그래서 남들이 지적을 해 주면 해 줄수록 좋아요. 사실 제가 자신감이 좀 없거든요. 제 연주에 전혀. 이제는 조금 바뀌었으면 좋겠어요. 자신감도 가졌으면 좋겠고. 항상 못한 것만 보려고 하지 말고 내가 잘한 것도 볼 수 있었으면 하는 생각이 들어요.

스스로에게 가혹한 편인가요? 부정적인 건 아니에요. 단지 더 잘하고 싶은 거죠. 그러려면 계속 단점을 발견해서 고쳐야 하니까. 사실 전 되게 긍정적이고, 궁금증이 아주 많고, 낙천적인 편이에요.

결혼관이 있다면? 일단 저는 결혼식은 절대 안 할 거예요. 가족끼리 식사나 예배드리는 정도만 하고 싶고, 아니면 친구들끼리 파티 정도. 한국의 결혼식 문화가 별로예요. 그리고 전 기본적으로 착한 남자가 좋은 것 같아요. 착해야 돼요. 대화가 잘 통하는 것도 중요하고요. 그런 사람과 30대에 하면 좋지 않을까.

스스로 생각할 때 자신이 천재라고 생각해요? 천재라는 단어의 뜻을 문자 그대로 하늘에서 내린 재능, 타고나지 않으면 절대 불가능한 재주로 뭔가 만들 수 있는 사람을 말한다면 많은 분들이 천재죠.

모차르트와 살리에리를 예로 든다면 범재는 아무리 해도 안 되는 영역을 천재는 참 쉽게 하잖아요. 만약에 모차르트와 저를 비교한다면 저는 전혀 천재가 아니에요. 그렇지만 완전히 재주가 없는 사람과 비교한다면 제가 타고난 점은 있죠.

절대 음감이라고 들었어요. 피아니스트로 타고나야 하는 부분은 음감 외에 또 어떤 게 있을까요? 음감도 여러 가지가 있는데, 화성감이 있어야 돼요. 바이올린, 성악은 한 음이니까 다를 수 있는데, 피아노는 화성을 다루는 음악이잖아요. 리듬감, 박자감도 당연히 중요하고요. 그리고 유연하면 좋아요. 손이 너무 작으면 안 되고. 그런 하드웨어뿐 아니라 피아노 연주자는 무대에 혼자 서니까 약간의 카리스마도 필요하죠.

타고난 사람만 음악가의 길을 가는 게 맞을까요? 개인적인 생각으로는 그랬으면 좋겠어요. 그런데 묘한 게 재능, 적성, 흥미를 다 갖추기가 쉽지 않아요. 제가 아는 형제가 있는데 한 사람은 재능을 타고 났지만 음악을 별로 안 좋아해요. 다른 사람은 재능은 평범한데 너무 좋아서 계속 연구하고. 누가 더 낫다고 하기 힘들죠. 음악가가 스포츠 선수처럼 20대에 끝나는 게 아니니까, 후자가 50~60대에 가면 훨씬 더 감동적인 연주를 들려줄 수도 있는 거죠.

토종 음악인으로 분류되는데, 조기 유학을 갔다면 많이 달랐을까요? 그랬을 것 같아요. 음악이라는 게 언어를 기반으로 한 것이기 때문에 언어랑 완전히 분리될 수가 없거든요. 어렸을 때 서양어권, 라틴어권으로 간 친구들을 보면 확실히 음악적인 어법이 조금 더 자연스러운 건 있어요.

조기 유학이 필요하단 얘긴가요? 무작정 일찍 나가는 게 다 좋지는 않아요. 정체성에 확신이 있는 사람과 혼란을 겪는 사람은 예술적으로 표현되는 게 굉장히 다르다고 생각하거든요. 전 제가 한국인이라는 정서가 확실하고 그게 흔들릴 일이 없기 때문에 좋은 게 있어요. 그런데 상대적으로 어릴 때 유학을 간 친구들은 그런 불안한 감각이 없지 않은 것 같아요. 그런데 그게 더 좋을 수도 있어요. 음악은 워낙 다양한 거니까. 그렇지만 전 제가 한국에서 음악을 한 걸 자랑스럽게 여기는 편이에요.

한국인으로서의 정체성이 음악에 어떤 영향을 미치나요? 꼭 한국인이어서라기보다 내가 어떤 나라의 시민이고, 귀한 존재로 존중받을 수 있었다는 게 더 중요한 거 같아요.

원주에서 오래 살았는데 애향심이 남다를 것 같아요. 부산처럼 큰 도시라면 모르겠는데 여긴 작은 도시다 보니까 애착이 훨씬 커요. 원주에 콘서트홀이 두 개 있는데, 원주에서 들어온 연주 제의는 한 번도 거절한 적이 없어요.

이제 만 서른이 됐어요. 만 서른 살 안 됐어요. 5월에 돼요. 깜짝 놀랐네. 하하. 사실 작년에는 한국 나이로 서른이었어도 만으로는 스물아홉이었으니까 그냥 그랬거든요. 지금은 진짜 30대가 되는구나 하는 생각은 들어요.

30대엔 어떤 음악가가 되고 싶어요? 20대 때는 그런 생각을 많이 했어요. 내가 이걸 한다고 뭐가 달라지나. 사람을 살리는 것도 아니고, 지구를 구하는 것도 아닌데. 게다가 지구상에 0.01퍼센트만 좋아하는, 아니 0.01퍼센트도 안 되죠. 아는 사람이 0.01퍼센트고 좋아하는 사람은 그것보다 안 되는. 그런 생각을 늘 했어요. 그런데 음악이 줄 수 있는 위로나 감동은 정말 신의 경지인 것 같아요. 음악

말고는 다른 것들이 줄 수 없는 뭔가가 있기 때문에 세상에 도움을 줄 수 있을 거라는 생각이 들었어요. 그래서 그런 일들을 하고 싶어요. 사람을 진짜로 도와줄 수 있는 일.

구체적으로 그런 삶을 살고 있는 음악가가 있나요? 안네 소피 무터라는 바이올리니스트가 있어요. 만나 본 적도 없고, 솔직히 연주를 많이 좋아하지도 않아요. 그런데 그분이 살아가는 방식은 굉장히 존경스러워요. 후배들을 도와주는 걸 자신의 업으로 생각하고 어떻게 하면 사회적인 음악가가 될 수 있을까에 대한 고민을 굉장히 치열하게 하는 것 같아요. 아픈 사람이나 도움이 필요한 사람들을 먼저 찾아가서 연주하고. 그런 게 정말 멋있어 보여요.

제2의 손열음을 꿈꾸는 후배들에게 해 주고 싶은 말은? 더 큰 사람을 보고 꿈을 꾸세요. 하하.

열음 씨는 누구를 보면서 꿈을 꿨나요? 저는 호로비츠도 좋아했지만 사실 백혜선 선생님을 우상처럼 동경했어요. 제가 학교 다닐 때는 피아니스트 중에 제일 유명한 분이셨어요. 그래서 연주회에도 항상 갔고. 팬이었죠.

피아니스트의 전성기는 언제일까요? 바이올린은 40대 넘어가면 소리가 조금 다르고, 관악기도 50대 넘어가면 달라요. 성악은 30대 후반 넘어가면 다르죠. 그런데 피아노는 희한하게 그런 게 없어요. 호로비츠는 전성기가 80대라고 해도 될 것 같아요. 루빈스타인의 연주도 젊었을 때보다 90대에 한 것이 더 좋거든요. 저는 제 전성기가 80대, 90대에 왔으면 좋겠어요.

살아 있는 순간에는 계속 피아노를 치고 싶은 건가요? 그럼요. 전 맨 마지막 순간이 전성기인 게 꿈이에요.

'젊은 거장'이란 수식어가 괜히 붙는 게 아니었다.

Snapshots

손열음에게 독일 생활을 담아 달라며 필름 카메라를 건넸다.
그로부터 보름 뒤 독일 하노버에서 반가운 소포가 날아왔다.
카메라와 필름 두 통, 그리고 손으로 쓴 엽서 한 장이 들어 있었다.
"며칠 동안 가지고 다니면서 즐거웠습니다. 고맙습니다!"

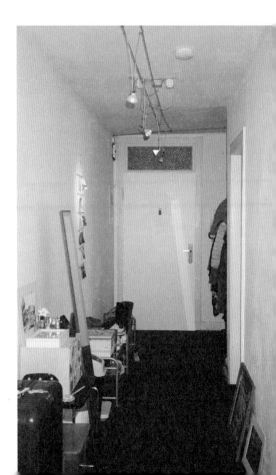

CLASSIC MANIAC
Hwang In-yong

파주 헤이리에서 고전 음악 감상실 '카메라타'를 운영하는
방송인 황인용 씨를 만났다. 클래식 애호가로서 클래식에 입문한 계기와
클래식의 매력에 대해 들었다. 전국의 주요 음악 감상실도 함께 살펴본다.

건물 전체가 하나의 거대한 스피커였다. 콘크리트 건물 두 동을 연결한 철망은 스피커를 감싼 천을 떠올리게 했다. 내부로 들어서자 시선이 절로 위를 향했다. 기둥 하나 없는 3층 높이의 텅 빈 공간. 고래 입처럼 생긴 대형 스피커에선 LP판의 소릿골을 긁는 마찰음이 터져 나오고 있었다. 한쪽 구석의 디제이 부스에 방송인 황인용(76) 씨가 있었다. 경기도 파주 헤이리 마을에 자리한 음악 감상실 '카메라타Camerata'를 찾았다.

카메라타가 무슨 뜻입니까? 작은 그룹이란 뜻이에요. 르네상스 시대 이탈리아의 피렌체에는 양대 가문이 있었어요. 하나는 메디치 가문이고, 다른 하나는 메디치 가문에 경제적, 문화적 주도권을 빼앗겼지만 여전히 건재했던 바르디 가문이죠. 바르디 백작의 살롱은 메디치 가문 못지않게 예술과 문화에 관심이 아주 많았어요. 학자와 시인, 음악가들이 바르디 백작의 살롱에 모였는데, 거기서 그리스 비극을 무대에 올리지는 얘기가 나왔어요. 오페라의 기원이죠. 그 그룹의 이름이 카메라타였어요.

2004년에 열었으니 벌써 12년째입니다. 음악 감상실을 만든 계기가 뭔가요? 음악이 좋아서죠. 오디오라는 취미가 나를 그렇게 이끌었어요. 음악을 듣는 천장이 높은 공간을 갖고 싶었어요. 말로는 설명할 수 없는 제 내부의 공간 미학과 욕구가 옛날부터 있었던 것 같아요.

음악엔 언제부터 관심을 가지셨어요? 파주에서 자랐는데 임진강 변의 농촌에선 음악을 들을 기회가 거의 없었죠. 그래도 음악을 듣는 감수성은 어려서부터 있었던 것 같아요. 아저씨들이 치는 꽹과리나 하모니카 소리가 그렇게 좋더라고요. 초등학교에 들어가서는 풍금 소리가 너무 좋았고. 서울로 중학교를 가서야 내가 음악을 좋아하는구나, 확실히 느꼈어요. 그때 학교에서 배웠던 슈베르트의 〈보리수〉, 아일랜드의 민요들이 너무 좋았거든요.

선생님의 라디오 방송 '영팝스'를 듣던 세대는 선생님을 팝 전문가로 여기고 있었는데, 클래식엔 어떻게 빠지셨어요? 팝송 디제이를 30년 가까이 하면서 클래식이란 음악도 좀 들어야 할 텐데, 하는 아쉬움이 늘 있었어요. 클래식은 들을 기회가 없었거든요. 클래식을 젊어서 못 들은 게 지금도 아쉬워요. 클래식을 선천적으로 좋아했다기보다는 들어야겠다는 의지가 작용한 것 같아요. 오디오를 구입한 뒤부터는 집에서 거의 클래식만 들었어요. 이제 기껏해야 20년 되었죠. 본격적으로 들은 건 음악 감상실을 차린 뒤부터고. 이 감상실을 만든 목적이 그거니까요.

클래식과 팝송은 뭐가 다른가요? 팝송이 주는 느낌과는 완전히 다르죠. 음악의 차이를 얘기하는 건 굉장히 힘든 일이지만 클래식은 들으면서 자꾸 생각을 해야 돼요. 저는 아직 대중음악도 많이 듣고 재즈도 많이 듣지만, 일시적 감동이나 흥분 너머에 2차, 3차로 무언가 있을 것 같은 음악이 클래식입니다.

손님들 연령대는 어떤가요? 주말엔 저를 모르시는, 30대 이하의 젊은 분들이 많이 오십니다. 아이와 함께 오거나 어르신을 모시고 오는 분들도 의외로 많아요. 평일엔 주부님들이 많으시고. 거의 전 연령대에서 오시는 것 같아요.

이곳엔 매일 나오세요? 특별한 일이 없으면 8시간 정도 있어요. 음악을 들으러 오기도 하지만, 음악을 선곡해서 손님들께 들려드리는 것이 제 역할이니까요.

신청곡도 틀어 주시던데, 기준이 있나요? 특별히 없어요. 단지 신청 음악이 들어왔을 때 지금 한참 성악을 틀고 있는데 또 성악을 신청했다면 뒤로 밀릴 수는 있죠.

신청이 유독 많이 들어오는 곡이 있을 것 같은데. 〈바흐: 무반주 첼로〉, 〈라흐마니노프: 피아노 협주곡 2번〉, 〈넬라

111

판타지아〉, 이런 곡들은 질릴 정도로 많이 들어오죠. 〈오펜 바흐: 재클린의 눈물〉, 〈피가로의 결혼〉에 나오는 〈편지의 2중창〉, 조수미 씨의 〈Love Is Just A Dream〉도 주말이면 어김없이 들어와요. 대중이 좋아할 만한 매력 요소가 있다는 얘기겠죠.

최근에 즐겨 들으시는 곡은? 우리나라 분들이 쇼팽을 특히 좋아합니다. 조성진 씨의 수상 이후로 특히 그렇죠. 손열음 씨의 〈Chopin: Nocturnes For Piano And Strings〉이란 음반을 굉장히 좋아해요. 손님들도 좋아하고.

손열음 씨와는 인연이 있으신가요? 한번은 금호아트홀에서 만났는데 아주 오래 안 사람한테 인사하듯 소탈하게 대해서 깜짝 놀랐어요. 빈말이라도 "카메라타 한번 놀러 갈게요" 하는 그런 인사가 너무 좋았어요. 그때 이미 손열음 씨가 상당히 유명했을 때죠. 나왔을 때부터 대단한 피아니스트였으니까.

좋아하는 피아니스트가 있다면? 손열음 씨 좋아하고. 백혜선 피아니스트는 예전에 공연을 몇 번 가서 봤고. 재즈하는 사람들하고 같이 한 음반이 있었는데, 그 음반이 상당히 인상 깊었어요. 손열음 씨는 녹턴 앨범을 통해서 많이 친숙해졌죠.

여기서 정기 공연도 개최하신다죠? 토요일엔 거의 실내악 음악회가 있어요. 그때는 제가 간단하게 해설을 덧붙이죠.

연주자들 섭외는 어떻게 하세요? 연주자분들이 먼저 연락이 와요. 제가 음악계에 발이 넓지도 않고, 음악회를 기획할 정도로 실력이 되지도 않아서. 물 흐르듯 연주자분들이 있을 때는 토요일에 연주를 하는 거죠.

신기한 스피커가 많이 보이는데 몇 개죠? 네 개예요.

크기가 어마어마한데 운반은 어떻게 하나요? 저게 다 분리가 돼요. 가정에서도 쓸 수 있어요. 무척 커 보이지만 부피를 줄일 수도 있고.

오래된 물건 같은데 현지에 가서 직접 구매하신 건가요? 25년에 걸쳐 부품 하나하나를 구입해서 만들어진 스피커도 있어요. 전부 오리지널로 완벽하게 갖춘 지는 얼마 안 되었어요. 그동안은 다른 부품으로 대체해서 듣다가 진짜가 나오면 구입해서 끼워 넣었죠.

비용이 엄청나겠네요. 처음엔 오디오가 그렇게 돈이 많이 들 거라는 생각을 안 했어요. 그런데 오디오 기기들이 천차만별이고 방법도 너무 다양해서 경제적으로 상당히 부담이 되는 건 사실이에요. 제가 그렇게 큰 부자는 아닙니다. 돈을 쌓아 놓고 그러는 게 아니라 다른 걸 갖기 위해서 아까운 기기를 팔기도 하고. 정말 천신만고 끝에 가지게 된 거예요. 지금은 100퍼센트 오리지널이죠.

오디오 수집은 언제부터 하셨죠? 디제이 활동을 왕성하게 할 때부터였어요. 전부터 오디오에 대한 막연한 동경이 있었지만 기기를 사게 된 건 경제적 여유가 생긴 뒤부터예요. 갑자기 무슨 계기가 생겨서 그런 건 아니에요. 취미의 세계란 건 자기도 모르는 사이에 어떤 생각을 막연히 하다가, 보통 경제적 여유가 생기면서 자연스럽게 하게 되는 경우가 많아요.

카메라타에 있는 스피커는 어떤 것들인가요? 독일 기기가 두 종류, 미국 기기가 두 종류 있습니다. 1930~40년대 서양에서는, 특히 미국의 경우 극장은 사람들에게 대단한 오락과 위로를 제공하는 공간이었어요. 당시엔 사람들이 기계를 통해 큰 소리를 들어본 경험이 없었기 때문에 극장에 가면 영화도 영화지만 이런 스피커를 통해 나오는 시원한 소리를 듣는 그런 재미가 있었습니다. 그때의 양대 산맥이 독일과 미국이고요.

이곳의 스피커 전체 비용이 얼마나 되죠? 그건 얘기할 수 없어요. 공산품이 아니기 때문에 그때그때 사고파는 사람에 따라 가격이 형성되거든요. 세탁기나 티브이처럼 가격이 매겨져 있지가 않아요. 다만 상당한 경제력이 있어야 해요. 더군다나 이런 기계들은 소리도 소리지만 날이 갈수록 사라지니까, 희소성이란 게 있죠.

카메라타의 한쪽 벽면은 초대형 스피커로 가득하다. 1930년대 미국의 웨스턴 일렉트릭과 독일의 클랑필름에서 제작한 극장용 스피커, 1950년대 독일의 비고 스피커다. 그의 말대로 정확한 값을 매길 수는 없지만 동일한 제품을 지금 구하려면 최소 몇 억은 각오해야 한다.

스피커도 바이올린처럼 오래될수록 좋은 소리를 내나요? 꼭 그렇지만은 않아요. 스트라디바리우스나 과르네리 같은 옛날 명기 바이올린과 구태여 공통점을 찾는다면 오래된 나무랄까요. 옛날 스피커들은 나무로 둘러싸여 있는 부분이 중요한 역할을 하는데, 그 나무들이 100년 가까이 된 나무들이에요. 바이올린만큼 그렇게 섬세하게 작용할지는 모르겠지만, 소리라는 건 아주 미묘해서 어쩌면 영향이 있을지도 모르겠다는 생각이 드네요.

빈티지 오디오가 겉보기는 좋지만 그래도 음향은 최신 기기가 낫지 않나요? 오디오를 만드는 거의 대부분의 기술은 최초의 오디오가 나온 1920년대에 완성된 거예요. 그 당시의 근본 원리에서 하나도 변한 게 없어요. 디지털은 결국 아날로그로 변환이 되어야 소리가 나와요. 소리는 물리적 현상이기 때문에 공기의 울림이 있어야 귀를 자극할 수 있잖아요. 디지털을 아날로그로 변환해서 스피커로 전달하는 과정은 예나 지금이나 똑같아요. 단지 소재가 바뀌었을 뿐이죠.

LP판을 몇 장이나 가지고 계신가요? 1만 5000장 정도인데, 사실 이거 가지고는 전문 음악 감상실을 하기에 조금 부족합니다.

LP가 CD보다 음질이 뛰어난가요? 평균적으로는 CD가 더 나을 겁니다. CD와 LP가 스무 장씩 있다면 CD는 스무 장의 음질이 똑같아요. 0과 1로 된 디지털이니까요. 반면에 LP는 질이 천차만별이에요. 그런데 LP 스무 장이 1960년대 전반에 녹음된 초판이라면 CD가 못 당하죠. LP가 지닌 물리적 특성을 CD는 도저히 흉내 낼 수가 없어요.

그럼 LP를 모으실 때도 다 초판 위주로? 저 1만 5000장이 초판이 되는 게 소원이죠.

클래식은 어렵다는 편견이 있습니다. 공부를 하고 들으면 더 잘 들리나요? 음악이 먼저예요. 지식보다는 음악을 많이 듣는 것이 중요합니다.

클래식에 입문하는 지름길이 있을까요? 음악은 약간의 의지도 필요한 것 같아요. 황인용도 그랬으니까요. 인생에 수많은 목표가 있겠지만 올해는 클래식을 들어 보자, 이런 목표를 정해 보시는 것도 좋겠죠. 아까 얘기한 손열음 씨가 연주한 녹턴 같은 음반을 구입하셔야 돼요. 그 녹턴이 너무나 듣기가 좋고, 또 한국인 감성에는 쇼팽이 딱 맞는 음악이 같아요. 내가 깊은 건 모르지만 위안이 되고 위로가 되고 가끔 사는 맛도 나거든요. 우선 CD를 한 장 사고, 그 CD를 자꾸 듣는 거예요. 클래식은 반복해서 들어야 돼요. 한 번에 탁 닿는 그런 음악이 아니에요. 계속해서 듣다 보면 와…… 깊이 있게 들어가면 좋아집니다.

겨울밤이었다. 카메라타에는 여러 부류의 사람들이 모여 있었다. 책을 읽는 사람, 담소를 나누는 사람, 무언가를 쓰는 사람. 밤을 잊은 그들은 아날로그를 추억하고 있었다.

오디오는 비싼 취미다. 이 고상한 취미가 요구하는 높은 비용은 입문자들을 주저하게 만든다. 성능에 대한 객관적 기준이 없는 것도 첫 오디오 구입을 망설이게 하는 이유 중 하나다. 고민 끝에 '좋은 소리'를 경험해 보기 위해 청음 샵에 방문했다가 양손 가득 오디오 부품을 사고야 말았다는 경험담은 이들을 더욱 움츠리게 만든다. 다행히도 최근에는 편안한 분위기에서 음악을 감상할 수 있는 공간이 하나둘씩 늘어나고 있다. 대표적인 몇 곳을 소개한다. 가벼운 차 한 잔과 함께 오디오에 대한 기호 정보를 수집하는 좋은 기회가 되기를 바란다.

카메라타Camerata 방송인 황인용이 운영하는 클래식 음악 카페다. 차를 마시며 클래식 음악을 들을 수 있다. 주말에는 종종 실내악 연주회가 열린다. 다양한 빈티지 오디오와 1만 5000여 장의 LP판을 보유하고 있다. 입장료는 1만 원이며 음료 이용권과 머핀이 포함되어 있다.

경기도 파주시 탄현면 법흥리 1652-129

031) 957-3369 / 연중무휴 11:00~22:00

리홀Rheehall 뮤직 갤러리 대한인쇄문화협회 리우식 부회장이 2014년 3월 오픈했다. 5만 장이 넘는 LP판이 벽면을 가득 채운다. 개인이 소장하기 힘든 웨스턴 앰프와 알텍 스피커 등의 장비를 보유하고 있다. 입장료는 1만 원이며 부인이 운영하는 '누룽지백숙'에서 식사를 하고 오면 30퍼센트 할인을 받을 수 있다.

서울시 성북구 성북동 281-1

02) 745-0202 / 명절 휴무, 12:00~22:00

현대카드 뮤직 라이브러리 2015년 5월 오픈한 현대카드 뮤직 라이브러리는 독특한 외관으로 한남동의 랜드마크로 자리 잡았다. 지하 2층, 지상 2층 규모다. 1950년대 이후 대중음악과 관련된 1만여 장의 바이닐(Vinyl, LP 음반)을 감상할 수 있다. 3천여 권의 음악 관련 서적도 열람 가능하다. 지하에 위치한 '언더 스테이지' 공연장에서는 매주 문화 공연이 열린다. 2015년 11월에는 엘튼 존의 내한 공연을 열어 화제가 되었다. 현대카드 회원(본인과 동반 2인까지 무료입장)만 이용 가능하다.

서울시 용산구 한남동 683-132

02) 331-6300 / 화-토: 12:00~21:00,

일: 11:00~18:00 월: 휴무

슈필라움Spielraum 해양 지질 전문가인 신기철 박사가 은퇴 후 경북 문경에 오픈한 슈필라움은 즐겁고 여유로운 공간이라는 뜻처럼 넉넉하고 아늑한 인테리어를 자랑한다. 고전 클래식과 올드팝 가요 등 5천여 장의 CD와 LP를 소장 중이며, 콘서트를 위한 음향 시스템과 녹음실, 공연자 대기실 등을 갖추고 있다. 2015년 10월 오픈했으며 70평 규모의 감상실에서는 매달 하우스 콘서트가 열린다. 입장료는 1만 원이며 음료값이 포함돼 있다.

경북 문경시 문경읍 하리 392-3

054)572-1954, 010-5306-1954

수-금: 17시~22시, 토-일: 12시~23시, 월-화 휴무

클라라 하우스Clara House 작곡가 슈만의 아내였던 클라라 슈만의 이름을 딴 클라라 하우스는 라디오 음악PD이자 클래식 평론가인 유혁준 대표가 설립했다. 강의와 음악 감상, 공연을 균형 있게 진행하는 복합 문화 공간으로 낭만주의 시대 유럽 예술 커뮤니티였던 '음악 살롱'을 재현하고자 한다. 일산과 대전 두 곳에 있으며 1만여 장의 CD와 LP를 소장하고 있다. 회원이 되면 비정기적으로 열리는 콘서트와 음악 강좌, 전 세계 콘서트와 음악 축제 현장을 재현한 '시네오페라' 등에 참여할 수 있다.

일산점: 경기도 고양시 일산동구 장항동 757

로데오탑 빌딩 2층 204호 070-4247-0958

대전점: 대전광역시 유성구 도룡동 397-27

042)861-5999 / 월-일: 11:00~22:30)

Playlist

뭐부터 들어야 할지 모르겠다는 클래식 초심자들을 위해
손열음의 맥북 음악 폴더를 열었다.
그녀의 취향이 가득 담긴 플레이리스트를 소개한다.

Photograph by Kim E-ho

손열음은 "음악가로서의 나와 음악 애호가로서의 내가 비등비등하다"고 말한다. 중학교 때부터 숨 쉬는 동안에는 늘 음악을 들어 왔다. 최근 들어서야 아무 소음 없는 고요함의 맛을 알게 되면서 음악에 대한 집착을 잠시 내려놓은 편이다.

피아니스트로서 공부를 위해 감상할 때는 악보를 펴놓고 여러 연주 방식을 떠올리거나, 오디오와의 거리를 조절하는 등 조건을 바꿔 가며 듣는다. 인간 손열음으로 돌아오면 머리보다 가슴이 먼저다. 평소에도 클래식 음악을 주로 듣지만 70~80년대 록 음악도 꽤 좋아한다. 전설적인 미국의 히피 록밴드 '그레이트풀 데드'의 리더 제리 가르시아의 팬이다. 그들의 음악이 손열음에겐 마치 클래식의 진화 버전처럼 느껴졌다. 그레이트풀 데드는 열광적인 마니아층을 거느린 것으로 유명한데 팬들을 '데드 헤즈'라고 부른다. 손열음을 비롯한 '데드 헤즈' 중에는 키스 헤링, 토니 블레어, 조지 R.R. 마틴, 클로에 세비니, 빌 클린턴 등이 있다. 라이브가 유명하지만 스튜디오 음반 중에는 〈워킹맨스 데드〉, 〈아메리칸 뷰티〉가 명반으로 꼽힌다.

한국 가수 중에서는 김광석을 특히 좋아했다. 우연히 그의 음악을 접했을 땐 이미 세상을 떠난 뒤였지만 지금처럼 알려진 대중 가수는 아니었다. CD 속 김광석의 목소리에선 가창력과는 다른 차원의 오리시널한 음악성이 느껴졌다. 그 뒤 유튜브로 생전 공연 영상을 찾아보고 완전히 빠져들었다. 무대를 장악하는 그의 오라Aura는 클래식 거장들과 비교해도 전혀 뒤지지 않는다고 느꼈다. 음악가로서 정말 많은 영감을 받은 가수다.

손열음의 음악적 취향은 어떻게 보면 '마이너'에 가깝다. 대중적이고 접근성이 쉬운 음악보다는 남들이 잘 모르는 음악을 찾아 듣는 걸 즐긴다. 대학 시절엔 음반 가게에 갈 때마다 CD 카탈로그를 챙겼다. 매년 업데이트되는 전화번호부만 한 책이었는데, 쇼팽의 〈녹턴〉을 찾으면 1번만 녹음한 음반, 전곡을 녹음한 연주자 등 다양한 정보가 나와 있었다. 그 책 덕분에 여러 연주자들의 음반을 섭렵하면서 자신만의 섬세한 취향을 만들어 갔다. 예술의전당 내에 있는 아르코 예술 정보관도 보물 창고였다. 각종 공연 실황 영상과 음반들이 가득했고, 감상 시설이 잘 갖춰져 있어 자주 애용했다.

손열음이 가장 즐겨 듣는 음악은 바이올린, 현악 4중주, 가곡 등이다. 플레이리스트를 만들어 놓기보다는 그날그날의 기분에 따라 선곡하는 것을 좋아한다. 그럴 때마다 빠지지 않는 애청곡들을 소개한다.

117

모차르트 :
C단조 미사곡
Great Mass
in C minor

손열음은 모차르트가 남긴 많은 걸작 중 특히 종교 음악들을 손에 꼽는다. 모차르트는 1782년 소프라노인 콘스탄체 베버와 결혼한 직후 이 곡을 쓰기 시작했다. 결혼에 감사하는 마음으로 미사곡을 만들어 올리겠다는 맹세를 지키기 위해서다. 손열음은 "모차르트의 성가곡에서는 이전의 종교 음악과는 달리 강한 인간의 목소리가 느껴진다"고 말한다. 합창은 대부분 엄숙하고 어두운 반면 독창은 오페라의 아리아처럼 현란한 멜로디를 쓰는 등 대조적인 분위기로 생명력을 불어넣었다. 그러나 모든 음표들이 각자의 위치에 절로 놓인 듯 완벽한 악보는 신의 존재를 인정할 수밖에 없게 만든다.

슈베르트 :
봄에
Im Frühling

누가 제일 좋아하는 노래를 물으면 답하는 곡이다. 600여 개의 가곡을 남긴 슈베르트는 멜로디 작곡가로서 타의 추종을 불허한다. 18세기 말까지의 가곡관이 단지 시詩가 잘 전달되도록 하는 반주의 개념이었다면 슈베르트는 시의 해석가였다. 손열음의 표현에 따르면 종종 대단치 않은 시마저도 천상의 선율로 바꿔 놓았다. 슈베르트 가곡에서의 피아노 파트는 단순히 시의 운율을 뒷받침하기 위해 전개되는 게 아니라 전주, 간주, 후주를 통해 성악 파트와 동등하게 독자적인 분위기를 연출한다. 슈베르트의 〈아름다운 물레방앗간 아가씨〉와 〈겨울 나그네〉도 그녀가 사랑해 마지않는 곡이다.

슈만 :
유머레스크
Humoreske

현대 피아니스트가 반드시 거쳐야 하는 대곡大曲이다. 차이콥스키 콩쿠르에서 연주했으며 〈Piano〉 음반에도 수록되어 있다. 손열음에게 슈만의 작품은 "남들에게 드러내기 어려운 개인의 내밀한 감정이 담겨 있어" 특별하다. 1830년대 슈만은 손가락 부상으로 피아니스트의 길을 포기해야 했고, 클라라와의 결혼도 반대에 부딪쳐 절망적인 시기였다. 슈만은 이 곡을 피아노 앞에서 일주일 동안 울다가 웃다가를 반복하며 작곡했다. 그래서인지 처음부터 끝까지 슬픔과 기쁨의 양극단을 오간다. 〈어린이정경〉, 〈크라이슬레리아나〉, 〈판타지〉도 손열음이 아끼는 슈만의 곡이다.

라벨 :
볼레로
Bolero

손열음은 라벨의 후기 관현악곡을 좋아한다. 그중 하나이자 라벨의 대표작인 〈볼레로〉는 전위적 무용가 루빈스타인으로부터 의뢰를 받아 쓴 춤곡이다. 작은북의 반복적인 리듬 위로 긴 선율이 돌고 도는데 두 도막 형식으로 악기를 바꾸며 집요하게 반복된다. 이 주제에 응답하는 듯한 형태로 또 하나의 주제가 연주된다. 가장 작은 소리에서 가장 큰 소리까지 '크레센도'만 사용되는 독특한 구성이다. 연주 시간 15분가량의 이 관능적인 음악은 작곡된 1928년에 파리 오페라 극장에서 발레 공연으로 초연되어 엄청난 인기를 끌었다. 손열음도 공연에서 즐겨 연주하는 곡이다.

쇼스타코비치 :
현악 4중주
String Quartet

그녀가 "환장하게 좋아한다"는 이 열다섯 곡은 쇼스타코비치가 1938년에서 1975년까지 작곡했다. 그녀는 "쇼스타코비치처럼 삶과 음악의 일치를 보여 주는 작곡가는 보기 힘들다"며 "특히 9번부터는 완전히 자신의 내면을 고백하는 듯 들린다"고 했다. 그는 평생을 구소련 독재자들의 압력에 시달리며 반강제로 인민의 음악가가 된 비운의 천재였다. 작곡 당시의 복잡한 내면을 반영하듯 각 곡의 성격도 서정적인 것에서부터 극적인 것, 이성적인 것까지 다양하다. 손열음은 그의 곡에서 "살기 위해 예술을 했고 예술을 하기 위해 살았던" 한 인간의 몸부림을 느낀다.

스트라빈스키 :
페트루슈카
Petrushka

〈불새〉, 〈봄의 제전〉과 함께 스트라빈스키 3대 발레곡이다. 앞의 두 곡도 물론 명곡이지만 손열음은 〈페트루슈카〉에서 묻어나는 스트라빈스키 특유의 풍자를 좋아한다. 러시아의 '피노키오' 격인 꼭두각시 인형 '페트루슈카'는 인간의 몸과 정신, 자유를 원하지만 약장수의 노예 신세임을 한탄한다. 발레리나 인형과의 이룰 수 없는 사랑을 꿈꾸다 군중 속에서 쓸쓸한 죽음을 맞는다. 사람을 표현하는 부분은 단조롭게, 인형을 설명하는 부분은 익살스러운 멜로디로 풀었다. 1921년 스트라빈스키가 협주곡이었던 원곡을 피아노곡으로 편곡했는데, 이번 손열음의 리사이틀에서 감상할 수 있다.

CONCERT TOUR
around the world

손열음은 독일 하노버에 살고 있다. 그러나 하노버에 있는 날보다 없는 날
이 더 많다. 세계 유수 콩쿠르에서 입상한 손열음은 해마다 20여 개국의
초청을 받아 40~50회의 공연을 다닌다. 지난해 방문한 나라가 어디인지
물었다. 이내 나라 이름 여남은 개가 쏟아져 나왔다.

"이스라엘, 독일, 스웨덴, 일본, 크로아티아, 홍콩, 중국, 러시아⋯⋯"
길 위에서 손열음은 혼자다. 난생처음 참가한 국제 콩쿠르 때도 그랬다.
항공권과 호텔 예약에서부터 메이크업까지 모든 일을 혼자 해결해야 한
다. 익숙해졌다지만 그래도 힘에 부치진 않을까. 손열음은 손사래를 친다.
오히려 다니면 다닐수록 힘이 난다고 했다. 연주를 통해 관객과 교감하는
순간이 찾아올 때 느껴지는 충만감을 결코 포기할 수 없단다.
클래식 연주자답게 가장 좋아하는 도시는 파리나 비엔나가 아닐까 싶었는
데, 의외로 한적하고 유서 깊은 아테네와 예루살렘을 꼽았다. 여권에 찍힌
스탬프가 늘어나면서 짐 싸는 요령이 붙었지만 비행기에서 어떤 책을 읽
을지는 아직도 고민이란다. 이성과 신성을 상징하는 도시들과 썩 어울리
는 대답이었다.
손열음은 여건이 허락하는 한 연주 여행을 계속하고 싶다고 말한다. 오늘
도 그녀는 20킬로그램에 달하는 캐리어를 들고 승강기가 없는 6층 아파
트를 오르내린다.

Saint Petersburg, Russia

20세기 러시아 음악의 심장이라 불리는 예술의 도시 상트페테르부르크. 손열음은 초등학교 5학년이었던 1997년에 혼자 이곳을 찾아 차이콥스키 청소년 콩쿠르에서 1위 없는 2위를 차지한 바 있다.

"차이콥스키 콩쿠르는 1990년대 이래 '마피아 콩쿠르'라는 루머에 휩싸여 왔다." 지난 2007년 제13회 차이콥스키 콩쿠르에 심사위원으로 참여한 스페인 피아니스트 호아킨 소리아노의 지적이다. 소련 붕괴 이후 자국 출신 연주자들의 대한 특혜 논란과 재정난으로 명성을 잃어 가던 차이콥스키 콩쿠르를 다시 살린 것은 다름 아닌 블라디미르 푸틴 대통령이다. 2011년 푸틴은 국민 지휘자로 불리는 발레리 게르기예프를 총감독으로 임명하고 클래식계의 명사들을 심사위원으로 초청했다. 뿐만 아니라 콩쿠르를 인터넷으로 생중계하고 채점 과정 및 결과를 공개하는 등 시스템 전반에 걸친 개혁을 단행했다. 그 결과 차이콥스키 콩쿠르는 예전의 명성을 회복할 수 있었다.

클래식 음악에 대한 러시아 국민의 애정과 자부심은 어려움 속에서도 차이콥스키 콩쿠르의 위상을 지탱해 온 또 다른 원동력이다. 2주 이상 열리는 콩쿠르 경연 기간 동안 러시아 전역은 축제 분위기가 된다. 좌석이 매진돼 계단이나 복도에 서서 경연을 지켜보는 사람들이 더 많다. 경연장 주변에서는 그날 들었던 연주에 대한 격렬한 토론이 이어진다.

2015년 손열음은 상트페테르부르크에서 두 차례 공연했다. 4월 마린스키 극장

에서 가졌던 독주회와 7월 상트페테르부르크 심포니와의 협연이다. 두 곳의 분위기는 같은 도시라는 것이 느껴지지 않을 만큼 상반적이었다. 마린스키 극장은 미국 《타임》지가 선정한 세계에서 가장 영향력 있는 100인에 꼽혔던 지휘자 게르기예프가 감독을 맡아 정부의 전폭적인 지원 아래 최상급 공연만 여는 귀족적인 홀이다. 반면 상트페테르부르크 필하모닉 홀은 노신사부터 청바지를 입은 청년까지 찾는 서민적인 분위기를 띠고 있었다.

이곳 필하모닉 홀 근처에는 특이하게도 식당이 거의 없는데, 시민들이 밥을 사 먹을 돈으로 음악회 표를 사기 때문이라고 한다. 이들에게 클래식 음악회는 큰맘 먹고 가는 곳이 아닌 생활의 일부다.

상트페테르부르크는 습지 위 100개의 섬을 365개의 다리로 이은 독특한 형태의 도시이다. 1703년 도시의 건설을 진두지휘했던 표트르 대제는 1712년 도시가 완성되자 수도를 이곳으로 옮겼다. 이후 200여 년 동안 로마노프 왕조의 수도로 비약적인 발전을 이루었던 상트페테르부르크는 러시아가 유럽의 문화를 받아들였던 교두보이자, 러시아 특유의 문화로 융합해 냈던 '문화의 산실'이었다.

북유럽의 베네치아로 불리는 상트페테르부르크는 1924년 레닌 사후 '레닌그라드'라는 이름으로 불리다가, 1991년 소비에트 연방 붕괴 이후 비로소 옛 이름이었던 상트페테르부르크를 되찾는다. 섬으로 이뤄진 도시답게 배를 타고 주요 관광지를 관람하는 크루즈 투어가 특히 유명하다. 5월부터 9월까지 관광객이 집중된다.

Son Yeol-eum

Helsingborg, Sweden

2015년 8월 손열음은 피아노 페스티벌에 참여하기 위해 스웨덴 헬싱보리로 떠났다. 손열음의 연주 영상을 유튜브에서 본 뮤직 디렉터의 초청이었다. 세상이 많이 바뀌었는지 이런 식으로 공연 요청이 들어오는 경우가 많아졌다.

이제껏 유럽 공연을 숱하게 다녔지만 헬싱보리에서의 독주회는 유난히 기억에 남는다. 그녀의 연주를 보기 위해 온 식구가 외국까지 온 것은 처음이었다. 고등학교 선생님인 어머니는 손열음의 연주를 언제나 직접 듣고 싶어 하셨지만, 방학이 아니면 시간을 내기가 어려웠다. 그러다 보니 매년 수십 차례 공연을 다니면서도 가족과 함께했던 기억은 드물다. 홍콩 공연 때 부모님께서 오신 적은 있었지만, 동생들을 포함한 식구 네 명이 함께 외국 공연장을 찾은 적은 없었다. 바쁘게 세계를 누비는 손열음의 사정을 아는지 동생들은 어릴 때부터 한 번도 해외에 데려가 달라고 투정을 부리지 않았다. 연주회 1주일 전에 가족과 함께 유럽 여행을 하고 헬싱보리에 도착했다. 독주회 당일 유난히 손놀림이 가벼웠다.

헬싱보리는 스웨덴의 지방 소도시다. 페리를 타고 15분만 이동하면 덴마크령인 헬싱괴르에 도착하는 국경이기도 하다. 이런 지리적 특성 탓에 지난 1675년부터 1679년까지 스웨덴과 덴마크 간에 벌어진 스코네 전쟁에서 성마리아교회만 남기고 온 도시가 폐허가 된 아픈 역사를 지니고 있다.

도시의 자랑은 도시 한가운데 있는 체르난이다. 600년이 넘는 역사를 자랑하는 35미터 높이의 성탑에 오르면 아기자기한 도시 경관 너머로 푸른 바다가 한눈에 들어온다. 독주회 장소였던 던커 문화센터는 2002년 스웨덴 '콘크리트 프라이즈 Concrete Prize'를 수상했다. 헬싱보리의 관광 명소 중 하나다.

Kyoto, Japan

2014년 6월 1일 일본에서 가장 오래된 역사를 자랑하는 NHK 심포니 오케스트라의 내한 공연이 예술의전당 콘서트홀에서 열렸다. 이날 공연에서 손열음은 〈프로코피예프: 피아노 협주곡 3번〉을 선보였다. 당시 오케스트라를 지휘했던 히로카미 주니치는 이듬해 손열음을 일본 교토로 초청해 다시 협연을 가졌다. 손열음의 교토 방문은 그때가 처음이었다. 도시 분위기가 너무 좋았다. 그곳 사람들의 응원이 아직까지 기억에 많이 남는다.

손열음에게 일본은 여러모로 특별한 기억을 안겨 준 나라다. 보통 한 나라에서는 한두 도시에서만 연주를 하지만, 일본에서는 2013년에 50차례에 걸친 투어 연주를 진행하기도 했다. 1년에 두세 번은 방문하다 보니 손열음의 고정 팬들도 많아졌다. 일본은 모든 문화 예술에 마니아층이 두텁게 존재한다. 덕분에 문화적 다양성을 지킬 수 있다. 손열음은 일본이 문화적으로 성숙한 나라라는 인상을 받았다.

천년의 고도인 교토는 일본의 대표적인 관광 도시다. 사계절 내내 아름답지만 단풍이 물들기 시작하는 10월과 벚꽃이 흐드러지게 피는 4~5월이 특히 절정이다. 실제로 손열음은 교토를 '예뻤다'는 단어로 기억한다. 교토에는 일본의 전통미가 고스란히 남아 있다. 도시 전체가 지붕 없는 박물관이라 해도 과언이 아니다. 사찰만 3천여 개가 넘는다. 17개에 달하는 유네스코 세계문화유산을 찾아다니는 재미도 쏠쏠하다.

한편 시인 정지용과 윤동주의 시비가 세워져 있는 도시샤 대학, 신라에서 제작되어 7세기 초 일본으로 전해진 일본 국보 제1호 미륵보살상을 소장한 고류사가 한국인 관광객에게 특히 인기다.

127

Jerusalem, Israel

2015년의 마지막 연주 여행은 예루살렘의 헨리크라운 홀에서 이뤄진 예루살렘 심포니와의 협연이었다. 손열음은 10년 전 루빈슈타인 콩쿠르에 참가하기 위해 처음 이스라엘을 찾은 이래 거의 매해 방문하고 있지만 올 때마다 기분이 특별해진다. 기독교 모태 신앙 때문인가 싶기도 했지만 곰곰이 생각해 보면 그런 단순한 이유로 설명할 수 없는 복잡한 감정이 느껴지곤 한다. 이스라엘이라는 나라가 가지고 있는 역사적 특수성 때문인지도 모른다.

의외로 이스라엘은 세계에서 손꼽히는 클래식 음악 강국이다. 핀커스 주커만(바이올린), 아비람 라이케르트(피아노) 등 세계적 연주자는 물론 다니엘 바렌보임, 엘리아후 인발 같은 거장 지휘자를 배출했다. 2014년 KBS 교향악단의 음악감독 겸 상임지휘자로 부임한 요엘 레비는 단기간에 악단의 기량을 끌어올리는 것으로 유명하다. 2006년부터 하노버 음대에서 손열음이 사사하는 아리에 바르디 역시 이스라엘 출신이다.

이스라엘과 팔레스타인의 분쟁 지역으로 널리 알려진 예루살렘은 히브리어로 '평화의 도시'라는 뜻을 지니고 있다. 손열음은 예루살렘이 가톨릭, 개신교, 유대교, 이슬람 등 4개 종교에서 성지로 삼는 곳이어서 크고 작은 마찰이 생기지만, 평화의 도시라는 아이러니에서 큰 매력을 느낀다고 했다.

예루살렘의 최대 관광 명소는 '서쪽 성벽'이다. '통곡의 벽'이라는 이름으로 더 잘 알려진 이곳은 서기 70년 티투스 황제가 파괴한 '제2차 유태인 성전'의 잔해로 추정된다. 유대인의 중요한 순례지인 동시에 이슬람 성지인 탓에 개보수를 둘러싸고 1929년 유대인과 무슬림 간의 유혈 사태가 벌어지기도 했다.

DRESS UP

무대의상은 무대 장치의 하나이다.
연주와 의상이 어우러질 때 완벽한 무대가 탄생한다.
그리고 의상을 고르는 기준은 첫째도 둘째도 음악이다.

Designer

많은 이들이 피아니스트 손열음을 기억하는 장면은 붉은 드레스와 긴 생머리다. 2011년 차이콥스키 콩쿠르 당시 땀에 흠뻑 젖은 드레스는 그날의 연주만큼이나 강렬하게 남아있다. 콩쿠르 초반에는 관객이 옷보다 음악에 집중하도록 검정색을 입었다. 그 날은 오케스트라와 협연하는 준결선 무대인만큼 존재감을 위해 강렬한 원색을 선택했다.

손열음은 작년 10월 교토 심포니 오케스트라와 함께 무대에 섰을 땐 은은한 골드펄이 감도는 카키색 드레스, 4월 미국 리틀 락 공연 때는 검정색의 원 숄더 드레스를 입었다. 깔끔하면서도 눈길을 확 잡아끄는 포인트가 있었다.

2012년부터 손열음의 드레스를 전담해온 서정기 디자이너는 콘서트가 있을 때마다 늘 공연장을 찾는 음악팬이다. 차이콥스키 콩쿠르의 그 붉은 드레스는 손열음이 2004년 뉴욕 필하모닉과 협연을 앞두고 서정기의 숍에서 맞춘 옷이다. 몸에 꼭 맞고 예뻐서 중요한 대회마다 꺼내 입었다.

그 사진을 언론에서 본 서정기가 드레스를 수선하러 온 그녀에게 앞으로 옷을 만들어주고 싶다고 먼저 제안했다. 연주자로선 정말 감사한 일이었다.

사실 그 전에는 무대 의상을 구하는 데 어려움이 많았다. 이브닝드레스 문화가 없는 한국에서는 이태원 등을 제외하곤 의상을 살 만한 곳도 별로 없었다. 미국에 공연차 나가게 되면 4~500달러쯤 하는 공산품 드레스를 여러 벌 사오곤 했다.

서정기는 고현정, 노현정, 채시라 등의 웨딩드레스를 디자인한 오트쿠튀르(고급 맞춤옷) 디자이너다. 손열음의 체형과 피아노 앞에 앉는 자세 등을 고려해 연주에 최적화된 맞춤 드레스를 만들어준다. 땀을 흘리는 걸 감안해 통기성이 탁월하고 여행 가방에서도 잘 구겨지지 않는 원단을 사용한다. 걸음걸이 등 무대 매너에 대한 조언도 아끼지 않는 든든한 조언자다.

dress up

Color & Style

드레스 색깔은 그날의 연주곡목에 따라 정한다. 독일 음악엔 차분한 무채색, 러시아 음악엔 파스텔 톤보다 원색이 잘 어울린다. 러시아 음악을 좋아하기도 하지만 피부톤에 원색 드레스가 잘 받아서 최근 몇 년간 많이 입었다. 올해부터는 조금씩 변화를 줘볼 생각이다.

원숄더, 홀터넥 등 과감한 디자인을 겁내지 않는 그녀지만 요즘 젊은 연주자들이 많이 시도하는 미니 드레스는 별로 내키지 않는다. 살이 잘 찌는 스타일은 아닐지라도 드레스 핏을 점검하며 체중 관리를 하는 편이다.

Make up

홀로 연주 여행을 다니기 때문에 무대 화장은 직접 한다. 메이크업 아티스트에게 몇 번 강습을 받으며 익혔다. 화장법은 연주하는 나라에 따라 조금씩 변화를 준다. 미국이나 유럽에서 공연할 때는 광대를 살리고 아이라인을 좀 더 길게 그려 동양적인 눈매를 강조한다. 아시아 공연에서는 화사하고 은은하게 광택이 빛나는 일명 '연예인 화장'을 한다.

공연이 없는 평상시에는 메이크업을 거의 안 하는 편이다. 맨얼굴이 가장 자연스럽고 마음에 들어서다. 실제로 그녀의 민낯은 잡티 하나 없이 매끈했다. 어머니의 좋은 피부를 잘 물려받은 덕이다.

Shopping

화장은 안 해도 패션에는 관심이 많다. 대학에 가면서부터 자연스레 옷을 좋아하게 됐다. 패션 잡지도 즐겨 보는 편이다. 연주차 대도시로 여행을 갔을 때 좋아하는 브랜드의 매장이 보이면 쇼핑을 한다. 신발에 관심이 많아 시즌별로 신상품을 챙겨본다. 옷보다는 가방과 신발에 더 과감히 투자하는 편이다. 구두는 프라다, 미우미우, 마놀로 블라닉, 가방은 생 로랑의 디자인을 좋아한다.

이밖에도 연주 여행을 갈 때마다 캐리어에 꼭 향초를 챙길 정도로 향에 민감하다. 연주 전 스트레스가 심할 때 라벤더 등의 향을 맡으면 심신 안정에 도움이 된다. 향수는 스파이시한 종류를 좋아한다. 사이즈가 작아 휴대하기 편한 조 말론의 제품을 즐겨 쓴다.

PIANO
method

Student

who speaks Korean

RAVENNA FESTIVAL

YEOL EUM

SON

SOLISTEN **WASSENAER**   ROTTERDAM
KAMERS   PHILHARMONIC
                          GERGIEV
G1   **FESTIVAL**

Yeol Eum Son

손열음은 여덟 살 때부터 열세 살 때까지 스승 이남주에게 배웠다. 그는 '피아니스트의 몸'을 만드는 방법론의 전문가이자 러시아 학파였다. 러시아의 피아니즘은 프랑스나 독일보다 소리의 크기 자체에 집착한다. 루빈슈타인의 전통이 거장 라흐마니노프로 이어졌고 리히테르, 호로비츠와 같은 연주자들은 러시아적 스케일이 무엇인가를 들려주며 20세기 피아노계의 전설을 썼다. 이들이 서방 세계에 펼쳐 놓은 파장은 가히 원자 폭탄에 비할 만한 것이었다. 어릴 적 손열음도 '러시안 스쿨'의 교재들로 크고 좋은 소리를 내기 위해 훈련했다. 표현력과 리듬감, 생명력, 음색 등이 궤도에 오르기까지 숨은 노력이 있었다. 그 '영업 비밀'을 일부 공개한다.

유연한 손놀림

손열음의 손가락은 도에서 한 옥타브 위의 파까지 힘 있게 닿는다. 어릴 때는 또래 중에 키가 제일 컸다. 열두 살 때 키가 155센티미터, 중학교 1학년 때 지금의 키인 163센티미터까지 자랐다. 손도 큰 편이라 만 5세 때부터 옥타브가 닿았다. 신체적 조건은 꽤 잘 타고난 편이었다.

피아니스트의 손은 너무 크지만 않다면 클수록 유리하다. 손이 작으면 아무래도 연주에 핸디캡이 많을 수밖에 없다. 피아니스트의 남녀 성비가 9대 1인 이유는 이런 신체적 한계 때문이기도 하다. 손열음은 타고나는 게 70퍼센트라면 나머지 30퍼센트는 훈련으로 채울 수 있다고 말한다. 그 역시 손가락이 더 잘 벌어질 수 있도록 끊임없이 훈련했다.

스승의 지도에 따라 피아노를 치지 않을 때도 손을 가만히 두지 않았다. 늘 공이나 밥그릇 같은 것을 잡고 있어야 했다. 손가락 힘을 기르기 위해서다. 이밖에도 손을 계속 움직이게 하는 일본산 도구들을 사용했고, 한 손가락씩 따로따로 움직이도록 하는 악력기도 썼다.

이남주는 피아노는 손으로만 치는 게 아니라 온몸으로 치는 것이라고 강조했다. 예를 들어 피아노를 민다고 할 때 발끝부터 힘을 주고 미는 것처럼 온몸의 근육을 쓸 수 있어야 한다는 것이다. 몸을 어느 정도 사용할 수 있느냐가 테크닉을 구사할 수 있는 수준을 결정한다. 어릴 적 손열음은 매일같이 푸시업을 비롯한 전신 스트레칭을 했다. 손가락뿐 아니라 전신의 유연성을 키우는 게 피아니스트에게 필요한 기본 중의 기본이다.

강렬한 타건

손열음이 김대진을 처음 만난 건 초등학교 6학년 때다. 키는 지금과 비슷했지만 몸무게는 40킬로그램 초반이었다. 김대진은 손열음에게 그렇게 마른 몸으로는 힘이 없어 제대로 된 소리를 낼 수 없다고 했다. 밤마다 기름진 음식을 먹으며 10킬로그램을 찌웠고 지금까지 50킬로그램 초반의 몸무게를 유지하고 있다.

손열음은 연주에 무게를 싣기 위해선 어느 정도의 몸무게가 필요하다고 말한다. 피아노를 칠 때 체중을 어느 정도 실을 수 있느냐가 소리의 세기를 결정한다. 온몸을 쓰며 연주하는 감각을 익히면 체격이 더 큰 남자들보다도 큰 소리를 낼 수 있다.

소리를 크게 낼 수 있게 되면 표현력이 달라진다. 엄청나게 큰 소리부터 엄청나게 작은 소리까지 연주의 스펙트럼이 넓어진다. 작은 소리로 감동을 추구하는 연주자도 있지만 손열음이 추구한 소리는 호로비츠의 포르티시모(악보에서 매우 세게 연주하라는 말)였다.

이국적인 리듬감

손열음의 장기 중 하나로 독특한 리듬감이 꼽히지만, 사실 리듬감은 어릴 적부터 가장 자신 없는 부분이었다. 박자는 딱딱 잘 맞출 수 있는데 청중의 몸을 절로 움직이게 하는 리듬은 만들어 내지 못하는 것 같았다. 절대 음감이지만 노래를 할 때 모든 음정을 정확하게 내지 못하는 것처럼 리듬감도 마찬가지다. 머릿속에 아무리 박자 감각이 있어도 손가락이 자유자재로 리듬을 타지는 않았다. 음악에 따라 대담하게 몸을 움직이지 못하는 데에는 내성적인 성격도 한몫을 했다.

독일에 유학을 가자마자 본격적인 리듬감 훈련에 돌입했다. 박자를 최소 단위로 쪼개고, 이를 최대치로 채워 긴장감의 연속성을 만들면 흥이 발생한다. 우선 리듬을 잘게 쪼개는 것부터 시작했다. 화장품을 바를 때도 리듬을 생각하며 얼굴을 두드리고, 밥을 먹을 때도 젓가락으로 테이블을 쳤다. 가만히 앉아 있을 때도 손가락으로 끊임없이 장단을 만들었다. 건반을 치는 대신 피아노 뚜껑을 두들기며 리듬감을 느끼는 것만 훈련하기도 했다. 한 달 정도 지나니 몸이 반응을 보였다. 손열음은 이후 재즈 피아니스트 곽윤찬을 찾아가 재즈 주법을 배우기도 했다. 끊임없는 훈련으로 약점은 이제 비장의 무기가 되었다. 손열음이 연주하는 카푸스틴의 연습곡에선 쉴 새 없이 몰아치는 리듬감의 절정을 확인할 수 있다.

초견의 달인

'새 악보를 외우는 것'은 손열음이 가장 잘하는 것이었다. 아직 자신보다 악보를 빨리 읽거나 외우는 사람을 보지 못했다. 아리에 바르디는 손열음이 처음 보는 악보를 콘서트 수준으로 연주한다며 초견 실력에 놀라움을 감추지 못했다.

어릴 적부터 손열음은 악보를 외울 필요가 없었다. 치다 보면 어느새 머릿속에 들어왔다. 짧은 곡은 한두 시간 만에 읽고 외워서 연주할 수 있었다. 그러나 이처럼 타고난 손열음도 레퍼토리가 많아지다 보니 예전에 암기했던 곡들을 잊는 경우가 생긴다. 사흘에 한 번 전혀 다른 곡으로 무대에 서는 일이 다반사기 때문이다.

악보를 빨리 외우는 방법은 최대한 많은 감각을 사용하는 것이다. 외워야 하는 곡의 악보를 계속 들여다보고, 귀로 듣고, 입으로 따라하고, 머릿속으로 떠올리는 것을 반복한다. 우선 많이 치면서 손가락이 저절로 움직이도록 하는 게 기본이다. 급할 때는 외워야 하는 음악을 귀에 꽂고 밥도 먹고, 이동하고, 잠도 잔다. 선잠을 잘 때 들으면 꽤 효과가 좋다.

다음은 뇌. 머릿속으로 되감기는 손열음이 가장 많이 쓰는 방법이다. 전주부터 1절, 간주, 2절 후 후주까지 한 곡 전체를 머릿속에 입력하고 처음부터 플레이 버튼을 눌러 본다. 악보를 뚫어져라 쳐다보며 통째로 그림처럼 저장하는 연습도 많이 한다. 손, 머리, 귀, 눈 모두가 완벽하게 곡을 외우고 있으면 어느 한쪽 기관이 잊어버릴지라도 다른 기관이 수습할 수 있다. 손열음은 연주 중 계이름을 외우는 것으로 입이라는 기관을 하나 더해 집중력을 최대로 끌어올린다.

SOULMATE
Clara-jumi Kang

피아니스트 손열음과 바이올리니스트 클라라 주미 강(이하 강주미)은 10대 후반 한예종에서 만나 우정을 쌓아 온 소울메이트다. 2013년엔 듀오로 전국을 돌며 리사이틀을 열었다. 마음이 잘 맞으면 어떤 음악이 나오는지 보여주고 싶어서였다. 올 11월에도 함께 무대에 설 예정이다. 독일 뮌헨에 살고 있는 강주미는 음악가 집안에서 태어났다. 아버지는 서울대 음대 강병운 교수(베이스), 어머니는 소프라노 한민희 씨. 이름도 클라라 슈만에서 따왔다. 그녀는 '2015 한국 이미지상' 수상을 위해 잠시 한국에 들어온 참이었다. 출국 당일 짐을 싸고 있는 그녀를 붙잡았다. 홍콩발 비행기가 출발하기 네 시간 전이었다.

올해 3월에 열음 씨와 음반을 녹음한다고 들었어요. 네, 슈만 전곡을 녹음해요. 원래는 프로코피예프 전곡을 하려다 바꿨어요. 우리 둘 다 독일에서 공부했으니까 러시아 작곡가보다는 독일 작곡가가 어울린다고 생각했어요.

듀오 리사이틀도 슈만의 레퍼토리로 채워지나요? 슈만, 브람스, 클라라 슈만, 이렇게 셋의 음악을 할 것 같아요.

음악가 집안에서 태어났어요. 유전자가 남다를 것 같은데. 형제가 넷인데 전부 다 절대 음감이에요. 부모님 덕분에 음악을 일찍 시작할 수 있었던 게 가장 큰 장점이죠.

바이올린은 어떻게 시작하게 됐어요? 엄마는 제가 두 살 때부터 4시간짜리 오페라를 보게 했어요. 길고 울림이 많은 성악을 듣다가 처음 피아노를 배웠는데 음이 뚝뚝 끊어지는 거예요. 언니가 하는 바이올린이 더 노래하는 것 같고 매력적으로 들렸어요. 그래서 크리스마스 선물로 바이올린을 받았는데 만 두 살 반이었을 때죠. 그리고 제가 새끼손가락이 짧아요. 피아노를 치기에 좋은 손은 아니에요.

새끼손가락이 짧은 게 바이올린 하기엔 괜찮나요? 똑같이 불편해요. 제가 손이 큰 편이라 차이가 더 많이 나거든요. 그런데 이런 신체적 단점 하나 없는 연주자는 별로 없어요. 제가 안고 가야 하는 부분이죠.

네 살 때 독일 만하임 국립 음대 예비 학교에 최연소로 입학했는데, 오디션 때 뭘 연주했는지 기억나요? 바흐의 협주곡이었을 거예요. 심사위원들은 네 살이라는 사실에 엄청 놀랐는데, 전 사실 제가 어리다는 생각을 안 했거든요. 늘 일곱 살 차이 나는 언니랑 비슷하다고 느꼈던 것 같고. 누가 귀엽다고 볼 만지는 것도 진짜 싫어했어요.

볼이 빵빵했던 바이올린 신동은 다섯 살 때 독일 잡지 《디차이트》에 표지 모델로 실렸다. 일곱 살에는 미국 줄리어드 음대에 전액 장학금으로 입학했다.

어릴 땐 남자 아이처럼 자랐다면서요. 맞아요. 어릴 땐 언니, 오빠가 입던 옷들을 물려 입느라 열세 살 될 때까지 제 옷이 없었던 걸로 기억해요. 그래서 전 지금도 물질적인 것에 별로 욕심이 없어요.

쇼핑도 안 좋아해요? 예쁜 건 당연히 좋아하는데, 뭘 꼭 갖고 싶다는 마음은 별로 안 들어요. 그리고 바이올린은 워낙 돈이 많이 드는 직업이에요. 열음 언니가 부러운 게 피아노는 악기에 돈이 많이 안 들거든요. 바이올린은 줄을 일주일에 한 번, 활털도 3주에 한 번 갈아야 되는데 그때마다 10만원이에요. 또 여자 연주자는 드레스도 사야 되잖아요. 그래서 평상시 옷 입는 것에는 욕심이 없어요. 무대에 설 때 단정하게 나가는 게 더 중요하니까요.

바이올리니스트로서 직업병은 없나요? 개구리 손처럼 손끝이 다 굳은살이에요. 어떤 사람들은 쇄골에 멍이 들어 있어요. 피아노는 우리보다 힘이 더 필요하긴 하지만 자세는 자연스럽잖아요. 바이올린을 연주하는 건 가장 불편한 자세예요. 목, 어깨부터 꺾이고, 한 손은 악기를 들고 한 손은 움직여야 되잖아요. 골반도 다 틀어지고, 다리 모양도 달라지고, 허리에도 문제가 생겨요.

피아니스트가 부럽겠어요. 꼭 그렇진 않아요. 우린 단선 악기고 멜로디를 연주하잖아요. 피아노는 교향곡처럼 모든 화음이 다 들어가기 때문에 악보를 외울 때도 우리보다 음이 훨씬 많고 연습도 그렇죠. 피아노는 정말 머리가 없으면 못하는 악기예요. 노력해야 되는 건 두 악기 다 똑같지만 피아니스트가 더 고민이 많고 고된 삶인 것 같아요.

손열음 씨가 바이올린은 굉장히 본능적인 악기라고 하더라고요. 사실 바이올린 하면 기교가 먼저 떠오르는데. 열음 언니 말이 정말 맞아요. 바이올린은 본능적으로 해야 돼요. 성악가가 성대를 쓰듯이 악기가 그냥 내 목소리예요. 전 노래하듯이 악기 하는 사람을 좋아해요.

노래도 잘한다면서요. 사실 저는 부모님한테 목소리를 물려받았어요. 아까도 세실리아 바르톨리 영상을 보다 왔는데, 성악을 듣는 귀도 밝고 전공을 했으면 잘했을 거라고 생각해요. 그런데 바이올린이 더 매력적인 이유는 가사가 없다는 거예요. 내가 내 스토리를 만들어 나갈 수 있고, 또 관객들은 그걸 받아들이고 싶은 대로 해석의 여지가 열려 있다는 게 좋아요. 오페라는 스토리가 있다 보니까 다른 해석이 어렵잖아요.

가수 제의도 받았었다고. 손가락 부상 때문에 바이올린을 몇 년 쉬었거든요. 그때 음악적인 끼를 풀 데가 없어서 작곡을 했어요. 시 쓰는 걸 좋아해서 써 놓은 글에다 곡을 몇 개 붙였는데, 그걸 들은 분이 제게 피아노 반주를 하면서 한번 불러 보라고 했던 거예요. 그래서 네 곡을 녹음했고, 가수 데뷔 제안도 받았는데 그땐 이미 제가 다시 악기를 하고 있었어요. 그래서 노래는 안중에도 없었죠.

어떤 장르였어요? 다 CCM이었어요. 제가 다쳤을 때 가장 위로를 받았어요.

대중음악을 작곡할 생각은 없어요? 사실 하면 잘할 것 같아요. 제가 시를 그렇게 못 쓰는 것 같지 않거든요. 팝을 잘 안 듣는데 아델, 에이미 와인하우스, 제시 제이, 재즈에선 스테이시 켄트를 좋아해요. 다 자기 곡을 쓰는 사람들이죠. 가끔 가사가 떠오르면 내 곡을 불러 줄 가수가 있으면 좋겠다는 생각을 해요. 아니면 가사만이라도 주고 싶어요.

손가락은 언제 어쩌다 다친 거예요? 만 열한 살 때 농구를 하다가 아까 짧다고 했던 새끼손가락이 부러졌어요. 뼈가 다 바스러져서 수술을 두 번 하고 1년 동안 철심을 박았는데 평생 바이올린을 못 한다는 진단을 받았어요. 진짜 힘들었죠. 세 살부터는 악기밖에 모르고 살았으니까요.

부상 당시 클라라 주미 강은 다니엘 바렌보임이 지휘하는 시카고 심포니와 미국 데뷔 공연을 한 달 앞두고 있었다.

하늘이 원망스러웠겠어요. 만약 바렌보임과 데뷔를 했다면 힐러리 한처럼 신동의 길을 걸었겠죠. 처음엔 이런 일이 왜 나한테 일어났는지 원망을 많이 했는데, 그게 제 운명이었던 거예요. 그때 음악 치료에 많은 관심을 갖게 됐어요. 음악으로 단순히 귀를 즐겁게 하는 게 아니라 영혼을 치유할 수도 있다는 걸 알게 되었죠. 그래서 무대에 나갈 때마다 늘 책임감을 느껴요. 연주장에 올 땐 모두 힘든 하루를 보내고 오는데, 제 음악을 듣는 순간만큼은 영혼을 채워 줘야 하지 않을까. 부상 경험이 없었다면 이런 책임감이 20대 초반에 오지는 않았을 것 같아요.

재활은 어떻게 했어요? 철심을 뺀 뒤부터는 손바닥에 찰흙을 쥐고 누르는 연습을 했어요. 2년 반 정도 지나니까 너무 악기가 하고 싶어서 바이올린을 켜 봤는데 새끼손가락 빼고는 다 멀쩡한 거예요. 몸이 잊을 수가 없죠. 조금씩 가능성이 보이면서 재활이 굉장히 빨랐어요. 새끼가 약하니까 다른 손가락들로 처리하는 연습을 많이 했죠.

그래서 몇 년 만에 다시 연주를? 3년 만에 했어요. 연주자가 되겠다는 마음보다 저는 사람에게 필요한 치료였어요. 하루아침에 바이올리니스트가 아닌 사람이 돼 버린 거라서, 내 정신이 멀쩡하려면 나중에 그만두는 한이 있더라도 다시 해야 했던 거죠.

강주미는 재활을 도와줄 수 있는 스승을 찾다가 한국으로 들어와 한예종에 영재 입학했다. 어릴 적 잠시 한국에서 지냈을 때 6개월간 바이올린을 가르친 김남윤 교수는 강주미의 재능을 아끼고 딸처럼 예뻐했다.

한국행은 어떻게 결심했어요? 정말 선생님만 보고 왔어요. 어렸을 때의 절 알던 선생님이어야만 한다고 생각했거든요. 아니라면 지금 제가 심적으로 신체적으로 얼마나 답답한지 모를 테니까요. 사실 한국에 친구도 한 명 없고, 열여덟 살에 모르는 세상에 뚝 떨어진다는 게 막막했는데 정말 잘 왔다고 생각해요. 안 그랬다면 한국에 살 일이 없었을 것 같고, 열음 언니 같은 친구도 못 만났겠죠.

대학 때 아르바이트를 정말 많이 했다고 들었어요. 진짜 많이 했어요. 처음엔 결혼식 오브리(축하 연주)를 하다가 바이올린 레슨을 몇 번 했어요. 그런데 누구를 연습시키는 게 너무 답답하더라고요. 아이가 하루에 뇌를 쓰는 시간이 얼마나 될까 싶어요. 하루 종일 선생님이 "높아, 낮춰!" 이러는데 높고 낮은 건 본인이 알아야 되거든요. 그래서 레슨을 그만두고 가수들 세션을 했는데 정말 좋았어요. 연습하는 걸 싫어할 때였는데, 클래식 곡을 연주하는 건 아니지만 계속 좋은 소리를 내줘야 하니까 연습도 되었죠. 세션 녹음을 한 번 하면 3~4시간인데, 그런 걸 하루에 서너

개씩 했어요. 돈은 돈대로 들어오고, 연습도 되고.

아르바이트는 학비를 벌기 위해서? 학비는 물론이고 생활비, 콩쿠르 참가비, 전부 다요. 전 열여섯 살 때부터 제 학비는 제가 벌었어요. 한예종에서는 흔한 일이었어요. 음악하는 친구들이 다들 독립적이고 일찍 성숙해요.

소위 말하는 금수저인 줄 알았어요. 저희 집은 애가 넷이에요. 엄마는 제가 태어나고 성악을 그만뒀고, 아버지가 극장에서 노래를 하는 걸로 여섯 식구를 먹여 살려야 되는 거죠. 전 줄리어드도 전액 장학금이 아니었으면 못 갔어요. 이런 오해들에 대해서 열음 언니한테 얘기한 적이 있는데 "네가 그렇게 생겨서 그래. 칭찬으로 받아들여." 하더라고요. 하하. 전 음악가는 아무리 힘든 게 있어도 말로 할 필요가 없다고 생각해요. 음악으로 말해줘요. 그래서 인터뷰 때 저한테 부유하게 자랐느냐고 하면 그냥 미소로 답해요. 거기다 대고 "아니요, 저 힘들게 자랐는데요." 할 필요 없잖아요. 귀티 나게 봐주실 때 감사합니다, 해야죠.

2010년 인디애나폴리스 콩쿠르에서 우승했는데, 2015년 차이콥스키 콩쿠르엔 왜 또 나갔어요? 많은 고민이 있었죠. 5년 동안 연주자로 살면서 보완하고 싶은 점도 많았고, 유럽에서 더 연주를 하고 싶었거든요. 스물일곱이 되면서 제가 어떤 사람이고, 어떤 운명을 갖고 태어났는지를 알았어요. 난 하나씩 하나씩이구나. 내 인생엔 한 방이 없고, 난 누구의 도움 없이 내가 다 만들어 가야 되는구나. 이걸 받아들이고 나니까 안 나갈 이유가 없었어요.

당시 4위를 했는데. 입상은 못했지만 정말 많은 연주 프로모터들이 제 연주 영상을 봤어요. 요즘은 시대가 많이 바뀌어서 1~3등은 공식적인 결과일 뿐이지 사람들의 선호도가 다 달라요. 그래서 결선에 올라간 여섯 명이 다 연주 기회를 얻을 수 있어요.

사람들은 콩쿠르까지만 기억하는데, 진짜 힘든 건 그 다음이네요. 그 콩쿠르가 끝나고 정말 많은 사람들에게 연락이 왔어요. 평생 CD에서만 봤던 대가들에게도 위로의 메일이 왔고요. 10대인 후배들도 저를 보면서 콩쿠르를 준비해야 할 의미를 못 느끼겠다고 하더라고요. 콩쿠르라는 건 사실 연주자로 가기 위한 스텝인데, 색깔이 강한 사람들이 콩쿠르에선 오히려 불리하거든요. 이건 뭔가 잘못된 거죠. 그리고 요샌 너무 콩쿠르가 많고, 몇 년 후에 다음 우승자가 나오면 금방 잊혀지고, 그러다 보면 마음이 지치고…… 음악적인 재능은 많은 사람들이 가지고 태어나지만 연주자로 살아간다는 건 많은 정신적 고통과 희생이 필요해요.

지금 쓰는 바이올린은 어떤 악기인가요? 1708년에 제작한 스트라디바리우스예요. 삼성문화재단의 후원이죠. 제가 썼던 악기 중엔 저랑 가장 잘 맞고 좋은 악기예요.

그런 비싼 명기는 소리가 어떻게 다른가요? 사람들이 "쟤는 스트라디 쓰는데 왜 저렇게 소리가 작아?" 할 때가 있는데 크기보다 소리의 질에 집중했으면 좋겠어요. 이 악기는 소리가 왕왕 울리는 궁전에서 왕족들이 연주하기 위해 만든 거고, 스트라디바리우스는 100년 후 2천 명이 오는 연주회를 상상도 못했겠죠. 근데 정말 신기한 게 이 악기는 호텔방에서 연주하면 끼이익 소리가 나요. 마치 날 이런 곳에서 연주하지 말라는 듯이. 그런데 탁 트인 좋은 홀에서 연주하면 확실히 울림이 달라요.

잃어버릴 뻔한 적은 없어요? 없어요. 거북이 등껍질처럼 화장실 변기에 앉을 때도 메고 앉거든요. 하하. 이게 허리까지 올라와요. 밥 먹을 때도 의자에 걸쳐지니까 메고 먹고, 기차나 차를 탈 때는 다리 사이에 놔요.

만약 잃어버린다면? 보통 보험이 들어 있고, 스트라디 같은 악기는 내놔도 팔리지도 않아요. 그래서 더 답답하죠.

훔쳐 간 사람이 안 내놓고 몇십 년 숨기기도 하니까요.

바이올린 얘기에 빠져 있다 보니 비행기 시간이 가까워 오고 있었다. 남은 질문을 서둘러 꺼냈다.

열음 씨와 둘이 연습할 땐 '말이 필요 없는 사이'라면서요. 워낙 친하니까요. 서로가 지금 뭘 하는지, 어떤 정신 상태인지 너무 잘 알고 있으니까 리허설 진행도 빠르죠. 빨리 리허설 끝내고 맛있는 것 먹을 생각에 막…… 하하.

둘 다 독일에 살지만 뮌헨과 하노버는 거리가 꽤 되지 않아요? 그래서 독일에선 오히려 잘 안 만나요. 한국이나 미국에서 자주 보고요. 1년에 한두 번 언니가 뮌헨에 와서 우리 집에서 자거나 제가 하노버에 놀러 가곤 하죠.

만나면 뭘 해요? 수다 한번 시작하면 대여섯 시간이에요. 그래서 같이 투어를 하면 너무 힘들어요. 얘기하느라 잠을 못 자요. 음악 얘기, 연애 얘기, 안 하는 주제가 없어요.

둘이 이상형은 비슷한가요? 원래 좀 달랐는데 제가 언니가 좋아하는 스타일을 닮아 가는 것 같아요. 예전엔 좀 마르고 키도 컸으면 좋겠다 싶었는데 지금은 다 없어졌어요. 제가 3년째 싱글이거든요. 다 내려놨어요. 하하. 뚱뚱한 사람도 그게 어울리면 매력적으로 보이더라고요.

열음 씨처럼 음악 하는 사람을 좋아해요? 그건 그래요. 제가 사적으로 누구를 만나는 일이 많이 없다 보니까 자연스럽게 만나는 사람들이 다 음악 하는 분들이죠.

두 분 다 외모는 여성스러운데 연주 스타일은 좀 남성적인 것 같아요. 그건 통하는 것 같아요. 둘이 별로 여성스럽고 싶지 않아 하는 거요. 진짜 저는 제가 남자로 태어났어야 했다고 생각해요.

그래도 둘 중에 누가 더 여성스러운 편이에요? 전 사실 낯을 많이 가려서 눈도 잘 못 마주치고 말도 잘 못하거든요. 그런데 키가 크다 보니까 사람들이 도도하다고 착각을 하는 거예요. 열음 언니도 이미지가 좀 센 편인데, 막상 만나보면 되게 수줍어하고 웃음도 많거든요. 언니가 요즘 들어 좀 러블리한 캐릭터가 된 것 같아요.

열음 씨가 요즘 요리에 빠졌다는데, 먹어 본 적 있어요? 그게 바로 여성스러워졌다는 거예요. 요즘 손열음과 강주미의 관심사는 우리 또래 여자들이 하는 걸 해 보자는 거였어요. 그동안 너무 음악밖에 모르고 살았는데 어느새 서른인 거죠. 이제는 여기저기 끌려다니면서 연주만 하지 말고 나만의 시간도 갖고, 취미도 찾고, 여행도 많이 다니자고 했는데 그걸 언니는 저보다 훨씬 잘 실천해요.

서로 부르는 애칭이 있나요? 전 자주 문자로 '내 사랑 어디야?' 이러긴 하는데, 지금은 내 사랑이 없으니까요. 내 사랑이 생기면 이 애칭은 없어지겠죠?

친구로서 손열음이 가장 존경스러운 부분이 있다면? 저희 가족은 여섯 명이 모인 지가 거의 10년이 다 됐어요. 열음 언니네도 다섯 식구인데, 연주 생활 하면서도 1년에 최소 두 번 정도는 가족 여행을 직접 계획해서 가요. 언니가 집안의 기둥처럼 식구들을 잘 챙기고, 가족이 갈수록 더 가까워지는 모습을 보면서 대단하다고 느끼죠. 그리고 언니가 후배들을 정말 잘 챙겨요. 사실 피아노 하는 사람들끼리 도와줄 만한 게 많이 없거든요. 그런데 독일에서도 한국에서도 후배들을 위해 할 수 있는 걸 찾고, 실제로 돕는 모습이 정말 존경스럽죠.

서로의 음악은 자주 들어요? 얼마 전에 유튜브로 언니가 오래전에 친 〈브람스: 인터메조 2번〉을 봤는데 많은 위안을 받았어요.

싸운 적은 한 번도 없어요? 싸울 일이 없어요. 서로 정말 존중하거든요. 한 번도 언니 말에 상처받은 적이 없어요.

마지막으로 바이올리니스트 강주미의 꿈은 뭔가요? 계속할 말이 있는 음악이였으면 좋겠어요. 무대에 올라가는 책임감이 더 커졌으면 좋겠고, 많은 사람들을 음악으로 도와줬으면 좋겠어요.

열음 씨랑 대답이 맞춘 듯 똑같네요. 우린 서로 하나님이 보내 줬다고 얘기를 해요. 둘 다 모태 신앙이거든요. 함께 이루고 싶은 것도, 나누고 싶은 것도 너무 많아요. 단순히 음악이 좋고, 연주에 대한 열정으로 버티는 건 20대까지인 것 같아요. 이제부터는 분명히 뭔가 다른 게 있어야 하는데 언니랑 같이 그걸 할 수 있으면 좋겠어요. 그러려면 둘 다 음악가로 더 발전을 해야죠.

손열음과 강주미, 둘의 만남은 서로에게도 음악계에도 '선물'이었다.

143

MOTHER
Choi Hyeon-suk

Photograph by Kim Ji-ho

성악가를 꿈꿨던 여고생은 음악가가 아닌 음악가의 어머니가 되어 있었다. 손열음 양의 어머니이자 강원도 원주에 있는 북원여고에서 국어 교사로 재직 중인 최현숙 씨를 원주 자택에서 만났다.

'2015 예술가의 장한 어머니상'을 수상하셨는데 당시 기분이 어떠셨나요? 오겠다 싶은 게 너무 빨리 왔다는 생각이 들었어요. 2001년에 열음이를 가르쳐 주신 김대진 교수님의 어머님께서 받으시는 것을 보면서 '우리 열음이가 잘되면 나도 나중에 받을 수 있지 않을까?'라고 생각한 적은 있지만 지금 받기에는 너무 젊은 것 같아요.

열음 양이 그만큼 빨리 거장이 됐다는 의미로 볼 수 있지 않을까요? 그렇긴 하지만 제가 예순도 안 됐거든요. 좀 더 있다가 자연스럽게 받는 게 더 좋았을 것 같아요.

본인은 한사코 아니라지만 손열음은 '피아노 천재'로 알려져 있다. 특히 처음 본 악보를 연주하는 초견 능력은 정평이 나 있다. 특별한 비결이 있는지 궁금했다.

어머니께서도 피아노를 잘 치셨다고 들었습니다. 잘 친 건 아니고요, 초등학교 4학년 때부터 2년 정도 피아노를 배웠어요.

그 시대에 피아노를 배우는 것이 쉽지는 않았을 텐데. 피아노를 가진 초등학교 선생님 한 분께서 동네로 이사 와서 가르쳐 주셨어요. 동네에 있는 유일한 피아노였죠. 처음에는 노래에 더 관심이 있었는데 친구들이 배우러 왔다 갔다 하는 걸 보다 보니 저도 배우고 싶어지더라고요. 먼저 배운 아이들이 꽤 많았는데도 늦게 시작한 제가 제일 잘 치게 됐어요.

지금도 잘 치세요? 교회에서 반주를 계속 맡아서 하다 보니까 실력이 오르지는 않아도 유지는 되는 것 같아요.

지금 집에 클래식 음악이 흐르고 있는데요, 태교를 하실 때도 많이 들으셨나요? 일부러 하지는 않았어요. 아기를 가졌다고 평소에 안 하던 걸 하는 것은 오히려 뱃속에 있는 아이에게 가식을 심어 주는 거라고 생각했어요. 규칙적으로 피아노를 쳤다는 것과 지금처럼 특별한 의도 없이 FM라디오나 클래식을 틀어 놓고 있었다는 것 정도가 태교라면 태교였던 것 같네요.

다섯 살에 피아노를 배우기 시작한 손열음은 1년 만에 서울로 레슨을 받으러 다니기 시작했다.

원주에서 서울까지 어머니가 직접 데리고 다니시면서 피아노 레슨을 받게 하신 건 신동이라 느끼셨기 때문인가요? 네, 재능이 있다고 생각했어요. 재능은 사람이 만드는 게 아닌 데 이 아이는 기를 받고 태어났구나 싶어서 다니기 시작했죠.

교직에 계셔서 시간을 내기가 힘드셨을 텐데요? 아무래도 그렇죠. 학교 끝나고 5시 넘어서 출발하다 보니 레슨 끝나고 집에 들어오면 캄캄한 밤이었죠.

체력적으로 힘에 부치셨을 것 같습니다. 힘든 줄 몰랐어요. 제가 음악을 좋아하다 보니 열음이가 피아노를 치는 걸 보는 게 너무 즐겁고 재밌었거든요. 다만 '만약 우리 아이에게 미술적인 재능이 있었다면 내가 제대로 할 수 있었을까?' 하고 자문한 적은 있었죠.

예비 학교 재학 초기에 국내 콩쿠르에서 연달아 입상에 실패했습니다. 재능에 의심이 들지는 않으셨나요? 제가 들었을 때 못 치지 않았기 때문에 그런 생각은 안 했어요. 언젠가 받겠지 하고 낙관적으로 생각했습니다.

고등학교 과정을 거치지 않고 바로 한예종에 입학했습니다. 한창 사춘기를 겪을 나이에 어른이 된 셈인데 방황은 없었나요? 전혀 없었죠. 저 아이는 두 살 때부터 어른이었으니까. 속으로는 어떤 게 있었을지 몰라도 표출을 안 하고 본인이 알아서 했겠죠.

2011년 세계 3대 콩쿠르인 차이콥스키 콩쿠르에서 준우승을 했습니다. 당시 기분이 어떠셨나요? 2009년 반 클라이번 국제 콩쿠르에서 2위를 했기 때문에 차이콥스키 콩쿠르에서 2위 이상의 성적을 거두지 못하면 본전도 못 찾는 거라는 생각에 걱정이 됐었어요. 말리고 싶을 정도였죠. 그런데 인터넷 동영상 중계를 통해 연주 모습을 보니 2위가 된 게 아쉬울 만큼 잘 하더라고요.

어머니께 열음 양은 어떤 딸인가요? 모든 일에 있어 가장 깊이 있는 대화를 거리낌 없이 할 수 있는 가장 친한 친구 같은 딸이죠.

열음 양과 떨어져 지내시는데 보고 싶진 않으세요? 한국에 자주 들어오니까 그런 건 별로 없어요.

어머니께서 보시기에 열음 양의 장점과 단점은 뭔가요? 상황에 흔들리지 않는다는 게 장점이고, 단점은 결단이 느린 거. 이쯤에서 결정해 줬으면 좋겠다 싶은 것도 저만큼 가서 결정하는 경우가 있거든요.

열음 양의 글 솜씨가 수준급인데, 국어 교사이신 어머님의 특별 지도가 있었나요? 전혀 없었어요. 쓰고 나면 여기는 어떻다는 식으로 느낌만 말해 줬죠. 책을 많이 읽어서 그런지 글을 곧잘 쓰는 것 같아요.

한국에서 음악가를 키운다는 건 어떤 건가요? 잘은 모르겠지만 열음이의 이야기를 들어 보면 우리나라가 열악하기는 한 것 같아요. 열음이는 이 척박한 토양에서 새로운 길을 열어 가는 일을 했어요. 국제 콩쿠르를 한국에서 바로 가는 것을 열음이가 열었고, 국내파라는 것도 얘가 열었고. 이제 해야 할 일은 열음이처럼 한국에서 성장한 연주자가 세계로 나갈 수 있는 매니지먼트 시스템을 자리 잡게 하는 것이 아닐까 싶어요.

자녀를 음악가로 키우는 데 부모의 희생이 많이 따르죠? 열음이가 저만큼 되기 위해 제가 중간에 학교를 그만뒀다면 그렇게 생각할 수 있을 것 같은데, 제 시간을 많이 투자하기는 했어도 저는 저대로 제 일을 했으니까 희생했다는 생각은 안 들어요.

음악가의 부모가 가져야 할 제일의 덕목은 뭘까요? 아이의 재능을 알아보는 눈이 가장 중요하죠. 재능이 발견되면 이후에는 자질을 자연스럽게 발휘할 수 있는 분위기를 조성해 주는 것이 중요하고요.

음악을 하는 자녀를 둔 다른 부모들에게 해 주실 조언이 있다면? 엄마가 계획을 다 세워 놓고 앞에서 끌고 가는 건 안 될 것 같아요. 아이를 잘 살펴봐서 어느 정도의 능력이 있는지를 판단하고, 갈 수 있는 길을 넓게 펼쳐 주는 게 중요하다는 생각이 들어요.

클래식 교육이 너무 엘리트 교육 위주로 흐르는 경향이 있는 것 같은데, 어떻게 생각하세요? 체육도 학교 체육이 있고 생활 체육이 있고 선수가 있듯이, 음악도 구분을 해야 돼요. 연주자들에겐 엘리트 교육을 실시해야죠. 야구를 예로 들자면 국제 대회에서 1등을 했을 때 대중의 관심이 높아지고 저변도 확대됐잖아요. 음악도 마찬가지라고 생각해요. 엘리트 교육으로 국제적 경쟁력이 있는 연주자들을 만들어 내지 않으면 음악적 토양이 넓어질 수 없을 거예요. 재능 없는 애들을 푸시 하는 게 안 되는 거지, 엘리트

교육은 절대적으로 필요해요.

음악가에게 가장 중요한 자질은 뭘까요? 재능이 있다는 전제하에 음악에 대한 열정이 가장 중요한 것 같아요. 우리나라 음악가들을 보면 30대 중반쯤 되면 거의 쇠퇴하기 시작하는데, 여기서 앞으로 더 나갈 수 있고 없고를 결정하는 것이 바로 음악에 대한 열정과 사명감인 것 같아요.

열음 양도 이제 결혼을 고려할 나이가 된 것 같은데 어떤 사위를 봤으면 하세요? 결혼 후에도 지금처럼 자기 마음껏 음악을 할 수 있는 환경을 만들어 줄 수 있는 남자였으면 좋겠어요. 사실 결혼하면 남자는 괜찮지만 여자는 주변이 너무 머리 아프잖아요.

딸에게 인생 선배로서 해 주고 싶은 조언이 있으신가요? 지금 열음이를 이끌고 있는 특별한 열정과 사명감이 흔들

리지 않았으면 해요. 인생이라는 게 먹고사는 일 때문에 여러 가지가 흔들리기 마련이니…….

사명감이라면? 음악적인 재능을 남들보다 훨씬 많이 받아서 태어났으니 사회적으로 나누어 주어야겠다는 사명감이죠. 혼자만 가지라고 그만큼의 재능을 주지는 않았을 것 같아요.

마지막으로 여쭙겠습니다. 열음 양이 앞으로 어떤 음악가가 됐으면 하세요? 손열음의 무대는 뭔가 새로운 것이 있을 것이라 기대하는 관중들에게 그때마다 감동을 줄 수 있는 연주자가 됐으면 해요. 그리고 음악을 통해 아름다운 사회를 만드는 데 기여했으면 좋겠고요.

'열매를 맺다'는 뜻의 열음. 열매를 맺기까지 씨앗을 심고 가꿔 온 사람이 누구인지 알 수 있었다.

BONUS TRACK
Colin Huggins

뉴욕에 간다면 워싱턴 스퀘어 파크에 들르기를 권한다. 공원 한가운데 덩그러니 자리한 그랜드 피아노. 멀쑥한 남자가 건반에 손을 올린다. 클래식 선율이다. 신기한 듯 구경하는 사람도 있고, 무심히 지나치는 사람도 있다. 피아노 주위를 뱅뱅 돌며 장난치는 아이들도 있다. 거리의 피아니스트 콜린 허긴스Colin Huggins는 2007년부터 뉴욕의 공원과 지하철역에서 클래식 공연을 열고 있다. 이유는 간단하다. 공연장 임대료가 비싸기 때문이다. 콜린 허긴스를 이메일로 인터뷰했다.

간단한 자기소개를 부탁합니다. 안녕하세요. 저는 뉴욕에서 거리 공연을 하는 콜린 허긴스라고 합니다.

뉴욕의 공원과 지하철역 플랫폼 등에서 클래식 연주회를 열었다는 얘기를 해외 토픽으로 접했습니다. 거리 공연을 언제부터 하셨나요? 2007년에 시작했어요. 요즘도 주말마다 뉴욕 맨핸튼의 워싱턴 스퀘어 파크에서 연주회를 개최하고 있습니다. 이따금 주중에 열 때도 있어요.

거리 공연을 하게 된 계기는 뭔가요? 내가 거리 공연을 좋아하는 가장 큰 이유는 청중과 연주자 사이의 특별한 유대감 때문이에요. 거리의 청중은 정말 순수합니다. 그곳에 모인 사람들은 다른 무언가를 바라지 않아요. 오직 연주자의 공연을 즐기기 위해 모일 뿐이죠.

그럴듯한 공연장에선 연주회를 개최한 적이 한 번도 없으십니까? 제가 예전에 발레단에서 일한 적이 있어요. 그때 극단에서 몇 차례 공연을 했죠. 그러나 대부분의 연주 경험은 거리에서 쌓았습니다.

작곡도 하신다고 들었습니다. 요즘엔 어떤 곡을 쓰고 있으세요? 현재는 어려운 상황에 처한 가수들에게 주려고 곡을 쓰고 있어요. 예를 들면 난민이나 노숙자 출신의 가수,

병을 앓고 있는 가수들입니다.

거리 공연을 하기 전엔 어떤 일을 하셨죠? 아까 얘기한 발레단과 학교에서 피아노 반주자로 일했습니다.

구체적으로 뉴욕 어디에서 공연을 하십니까? 예전에는 맨해튼 전역에서 공연을 했지만, 근래 들어서는 맨해튼의 워싱턴 스퀘어 파크에서만 공연하고 있어요.

워싱턴 스퀘어 파크를 선택한 특별한 이유가 있나요? 제가 그쪽에 살거든요.

이제껏 가장 좋았던 연주 장소와 가장 나빴던 연주 장소를 꼽는다면? 둘 다 워싱턴 스퀘어 파크입니다.

이유가 뭔가요? 그곳에서 나는 정말 멋진 공연을 여러 번 했거든요. 하지만 때때로 정신 나간 사람들을 상대해야 했습니다. 날씨가 말썽을 부린 날도 많았죠. 이 일에는 날씨가 아주 중요한 변수거든요.

공연 시간은 얼마나 됩니까? 날씨가 좋을 때는 12시간씩 연주하기도 합니다. 요즘 같은 겨울철에는 6시간 정도 하는 것 같네요.

주로 어떤 곡들을 치십니까? 대부분 클래식 음악이에요. 난 그 점이 정말 자랑스러워요.

어떤 피아노를 연주하시죠? 야마하 베이비 그랜드 피아노를 사용하고 있어요.

공연이 없는 날에는 피아노를 어떻게 하죠? 계속 공원에 둡니까? 아니죠. 그럴 때는 공원에서 1킬로미터쯤 떨어진 창고에 보관해요.

피아노가 엄청 크던데 운반은 어떻게 하십니까? 피아노 다리에 바퀴가 있어요. 끌어서 운반합니다.

공연이 있는 날의 하루 일과는 어떻게 되나요? 오전 7시 30분에 일어납니다. 샤워를 하고 옷을 입죠. 그런 다음 아까 얘기한 창고로 가서 피아노를 꺼냅니다. 그걸 밀어서 공원으로 옮기죠. 공원에 도착해서는 피아노를 조립해요. 그러고 나서 내 인생에서 하고 싶은 다른 일들에 대해 생각해요. 그 다음에는 하루 종일 연주하는 거죠. 연주가 끝나면 다시 피아노를 분리해서 창고에 집어넣어요. 그런 다음 집에 걸어 돌아와서 울어요.

공연이 없는 날엔 뭘 하세요? 피아노 연습을 하거나 작곡을 해요. 노래를 녹음하기도 합니다.

거리 공연에는 관객이 보통 몇 명이나 모입니까? 정말 다양해요. 많을 때는 100명이 모이기도 하고, 적을 때는 네다섯 명에 불과할 때도 있어요.

청중의 반응은 어떤가요? 대부분은 연주에 감사를 표합니다. 물론 다 그런 건 아니에요. 최악의 경우엔 나를 못 본 척하기도 하죠.

평균적으로 1회 공연 수입이 얼마나 됩니까? 수입에 대해선 얘기하지 않을게요. 다만 근근이 살아갈 정도는 번다고 말하고 싶네요.

거리 공연만으로 생계가 가능한가요? 한국의 거리 음악가들은 대개 파트타임으로 일하면서 음악 활동을 병행하는데. 요즘 내게는 거리 공연이 유일한 수입입니다.

거리 공연의 장단점에 대해 알고 싶습니다. 먼저 프로그램이 대단히 자유로워요. 상사가 없잖아요. 이거 하라 저거

하라 말하는 사람이 없어요. 반면에 불안정한 면이 있습니다. 아까 말한 것처럼 날씨가 나쁘거나 이상한 사람들을 만나면 어려움을 겪을 수도 있거든요.

말씀하신 대로 거리 공연에는 돌발 상황이 자주 발생할 텐데, 혹시 취객이 시비를 건 적은 없습니까? 한번은 어떤 정신 나간 사람이 내 돈을 훔치려고 했어요. 엄청 불쾌했죠. 그런데 한편으론 그들이 마주하고 있는 비참한 현실과 그들이 겪고 있는 정신 질환들을 생각하면 불만이 생기기보다는 그들이 안쓰럽게 느껴집니다.

아무리 아름다운 음악일지라도 공공장소에서 연주하면 경찰이 제지하지 않나요? 실제로 경찰들과 문제를 겪기도 했어요. 그런데 자주 있는 일은 아닙니다. 이젠 경찰들도 나한테 익숙해졌거든요.

별명이 '크레이지 피아노 가이Crazy Piano Guy'라고 들었는데 만족하십니까? 난 그 별명이 정말 싫어요. 나는 그저 콜린 허긴스이고 싶습니다.

그런데 피아노는 언제부터 치셨습니까? 나는 조지아 주 애틀랜타 시에서 자랐어요. 16살 때부터 피아노를 배우기 시작했습니다.

클래식 음악이라고 하면 다소 무겁고 어려운 느낌입니다. 그래서인지 거리감을 느끼는 분들이 많은데, 공공장소에서 연주하기엔 클래식보다 팝이나 재즈가 낫지 않을까요? 때로 클래식 음악은 대단히 지루할 수 있습니다. 그래서 나는 사람들에게 친숙한 곡들을 칩니다. 그리고 사람들이 이해하기 쉬운 방식으로 치려고 노력하죠.

좋아하는 피아니스트가 있다면? 조르주 치프라, 그리고 글렌 굴드예요.

모노그래프 이번 호의 주인공이 피아니스트 손열음 씨입니다. 혹시 그녀의 연주를 들어 본 적이 있습니까? 솔직히 누군지 잘 모릅니다. 이번 기회에 한번 들어 봐야겠네요.

앞으로도 계속 거리 공연을 할 생각이십니까? 솔직히 잘 모르겠어요. 나는 거리 공연의 여러 가지 요소를 즐기고 있지만, 가능하다면 내 경력을 보다 나은 뭔가로 만들고 싶거든요.

혹시 해외에서 거리 공연을 할 계획은 없습니까? 이를테면 서울이나 도쿄, 파리, 런던 같은. 나는 여행하는 걸 무척 좋아해요. 하지만 아직 내가 그렇게까지 할 만큼 대단한 뮤지션이라고 생각하지는 않습니다.

앞으로의 꿈은 무엇인가요? 글쎄요. 더 좋은 곡을 작곡하고 싶고, 더 좋은 연주가가 되고 싶습니다. 그런데 구체적으로 어떻게 해야 할지를 잘 모르겠어요.

한국의 녹사들에게 한마디 하신다면? 나는 여기서 한국 사람들을 많이 만났어요. 그들은 정말 대단했어요. 앞으로도 계속해서 좋은 일들만 있기를 바랍니다. 그리고 북한 문제에 대한 해법을 찾기를 희망합니다. 그곳은 정말이지 엉망이에요, 엉망.

마지막 질문입니다. 왜 음악을 하십니까? 내 강렬한 감정을 조화롭게 만드는 데 도움이 된다고 생각해요. 그리고 음악 연주는 아주 긍정적인 경험이면서 동시에 내가 다른 사람을 도울 수 있는 기회가 됩니다. 그래서 음악을 해요.

영화 〈어거스트 러쉬〉 덕분인지 워싱턴 스퀘어 파크는 거리 예술가들로 붐빈다. 콜린 허긴스도 그중 하나다. 그들은 오늘도 공원을 찾은 사람들의 무심한 등짝을 향해 피아노와 바이올린과 첼로를 연주한다. 연주가 끝나면 박수 소리가 조용히 깔린다. 인터뷰가 있던 날 콜린 허긴스는 아침 10시부터 저녁 8시까지 연주했다.

REFERENCE

권순훤, 《나는 클림트를 보면 베토벤이 들린다》, 쌤앤파커스, 2014.

금난새, 《금난새의 클래식 여행》, 아트북스, 2012.

김성현, 《시네마 클래식》, 아트북스, 2015.

김성현, 《클래식 수첩》, 아트북스, 2009.

김수영, 《클래식》, 나무수, 2014.

김영섭, 《오디오의 유산》, 한길사, 2008.

다니엘 호프 · 볼프강 크나우어(김진아 譯), 《박수는 언제 치나요》, 문학세계사, 2010.

손열음, 《하노버에서 온 음악 편지》, 중앙북스, 2015.

쇤베르크(윤미재 譯), 《위대한 피아니스트》, 나남출판, 2003.

스튜어트 아이자코프(임선근 譯), 《피아노의 역사》, 포노, 2015.

이용숙 · 최은규 · 류태형, 《클래식 튠》, 모노폴리, 2012.

이장직, 《음악회 가려면 정장 입어야 하나요?》, 서울대학교출판문화원, 2012.

임현경, 《귀가 트이는 클래식》, 예솔, 2012.

황준, 《오디오 마니아 매뉴얼》, 돋을새김, 2008.

황준, 《오디오 마니아 바이블》, 돋을새김, 2007.

김선영, 〈마에스트로의 지휘봉, 왜 달라지는 건가요?〉, 《객석》, 2015. 7.

박용완, 〈손열음 홀딱 반하다〉, 《객석》, 2013. 4.

박용완, 〈손열음과 클라라 주미 강〉, 《객석》, 2013. 12.

이미혜 · 조소현 · 정재혁, 〈음악만을 위한 서울의 공간들〉, 《VOGUE》, 2015. 12.

장희정, 〈최현숙 여사와 피아니스트 딸 손열음의 어떤 앙상블〉, 《레이디경향》, 2015. 7.

김진령, 〈"발전 없으면 끝이니까 연주 멈출 수 없다"〉, 《시사저널》, 2012. 4. 26.

김기철, 〈45만원 R석보다 7만원 '합창석'이 더 만족스럽다?〉, 《조선일보》, 2013. 7. 4.

김대종, 〈암보(暗譜)는 괴롭다〉, 《충북일보》, 2015. 11. 10.

김지영, 〈쿨럭쿨럭…안다 박수…클래식 공연장서 눈살 찌푸리게 하는 관객은?〉, 《동아일보》, 2015. 5. 10.

김지은, 〈금의환향 손열음 "콩쿠르는 올림픽이 아닌데…"〉, 《뉴시스》, 2011. 7. 31.

류태형, 〈세계 3대 콩쿠르〉, 《중앙일보》, 2015. 11. 2.

이고은, 〈제목을 보면 곡과 작곡가의 역사가 보인다〉, 《경향신문》, 2013. 1. 24.

이재훈, 〈천하의, 거침없이 손열음…그럼에도 쑥쑥 성장 중〉, 《뉴시스》, 2013. 4. 4.

이제훈, 〈여름을 연주하는, 열음… 피아니스트 손열음, 쿨하게 여름 나기〉, 《국민일보》, 2011. 7. 28.

임형주, 〈음악계에도 올림픽이 있다고요?〉, 《동아일보》, 2015. 5. 16.

전승훈, 〈'커튼콜 카리스마' 관객을 감동시킨다〉, 《동아일보》, 2007. 4. 6.

전승훈, 〈피아니스트 손열음 "연주여행 때 '길위의 독서' 짜릿…"〉, 《동아일보》, 2011. 10. 29.

SUBSCRIPTION

monograph

ISSUE #01 **최현석**   ISSUE #02 **빈지노**

biography

ISSUE #01 **이어령**   ISSUE #02 **김부겸**   ISSUE #03 **심재명**   ISSUE #04 **이문열**

ISSUE #05 **최재천**   ISSUE #06 **고은**   ISSUE #07 **엄홍길**

정기 구독 안내 정기구독을 하시면 정가의 10% 할인 및 행사 초청 등의 혜택을 받으실 수 있습니다. 구독 기간 중 저희 출판사에서 발행되는 단행본 한 권을 함께 보내드립니다. 아래 계좌로 구독료를 입금하신 뒤 전화나 메일로 도서를 받으실 주소와 이름, 연락처를 알려 주십시오. 결제일 기준으로 다음 호부터 잡지가 발송됩니다.
모노그래프 1년 46,800원(10% 할인) **바이오그래피** 1년 54,000원(10% 할인)
• 1년 4회 발행 • 신한은행 100-030-351440 • 예금주 (주)스리체어스

monograph

#03 / Son Yeol-eum

Publisher
이연대 Lee Yeondae

Editor in chief
김혜진 Kim Hyejin

Editors
허설 Huh Seol 정용 Jung Yong 이용우 Lee Yongwoo

Designer
이주미 Lee Jumi

Photographers
오스카 Oscarscar 김지호 Kim Jiho

Contributors
김준형 Kim Joonhyoung 홍석현 Hong Seokhyeun

Executive advisor
손현우 Son Hyunwoo

Thanks
김규완 Kim Gyuwan 김윤성 Kim Yunseong
심중선 Sim Jungsun 유지혜 Yoo Jihye
이선화 Lee Sunhwa 정홍석 Jeong Honkseok

Distribution (주)날개물류
Printing (주)스크린그래픽
Publishing (주)스리체어스

도서등록번호 종로 마00080
출판등록일 2015년 8월 25일

ISSN 2465-7867
ISBN 979-11-86984-03-1
      979-11-953258-6-3 (세트)